JN296489

サンドイッチノート

160 recipes of special sandwiches

柴田書店

はじめに

パンに野菜やハム、チーズなど、さまざまな具材を挟んだサンドイッチ。カフェブーム、デリカテッセンの普及、さまざまなスタイルのパン屋さんの登場……さまざまな要因を受けて、サンドイッチは大きく進化しています。

B.L.T.やクラブハウスサンドなどボリュームたっぷりのアメリカンタイプ。バゲットにハムやチーズを挟んだカスクルートなど、シンプルなフランスタイプ。ピタパンを使ったどこかオリエンタルなサンドイッチに、おなじみハンバーガーとホットドッグ。そして、ふんわり柔らかい食パンを使った日本の三角サンド……普段、目にするものだけでもかなりバリエーションがあるサンドイッチ。ひとつでお腹いっぱいになるものもあれば、ちょっと小腹を満たしたい時にぴったりの一口サイズのものなど、サイズもいろいろ。朝ご飯によく合うもの、おやつ感覚で食べたいもの、ワインのおつまみにもなるものなど、食べるシチュエーションもひと通りではありません。

本書では、サンドイッチ専門店、パン屋さん、カフェ、ハンバーガー専門店など、サンドイッチに力を入れている24店の人気メニューとその作り方を収録しました。どれも、すでにお店で提供しているか（使う素材によっては、季節が限られます）、今後メニューに登場予定のものです。

「パンに挟む」という以外、とくに決まりごとはないのがサンドイッチ。同じ具材を使っても、その切り方やマヨネーズやマスタードなどの調味料の分量、パンの種類などによって食べた時の印象はまったく違ってきます。各店がどんな素材をどんなパンで挟み、提供しているのか——一見シンプルそうで実は奥深い、サンドイッチの世界をどうぞお楽しみください。

- 002 はじめに
- 008 この本の使い方

野菜

▶ **定番のサンドイッチ**
- 010 サラダ・ニソワーズ（ニソワーズ）
- 012 クリュディテ
- 013 ニソワ
- 014 ベジタリアン チャバタサンド
- 015 クイディテ
- 016 ベジタブルサンド
- 017 チーズとアボカドの野菜たっぷりサンド
- 018 梅ぼしと新鮮野菜
- 019 にんじんと焼豚のサンド
- 020 豆腐のハーブマリネと野菜の五穀パンサンド
- 021 トーフサンドウィッチ
- 022 ルーコラとブリー・チーズのくるみパンサンド
- 023 ホウレン草ベーグル
- 024 ピタサンド レンズ豆のサラダ
- 025 キノコのピタ
- 026 リンゴとブリー・チーズのホットサンド
- 027 エルビス

▶ **＋α プラスアルファ**
- 028 サンドイッチ 味のポイント①マスタード

ハム・ポーク・ビーフ

▶ **定番のサンドイッチ**
- 030 B.L.T.（B.L.T.）
- 032 リエットのサンドイッチ（リエットのカスクルート）
- 034 B.L.T.
- 035 クラブハウスサンドイッチ
- 036 SPECIAL CORN BEEF SANDWICH
- 037 パテ・ド・カンパーニュ
- 038 鴨と豚肉のリエット バゲットサンド
- 039 ベーコンとクレソンのサンド
- 040 かりかりベーコン＆かぼちゃチーズ
- 041 コッホシンケン
- 042 ビア・シンケン
- 043 ペッパーシンケンのカンパーニュサンド
- 044 ヨーグルトライサンドDX
- 045 ホットパストラミ
- 046 サヴォア
- 047 アンシェン・ミックス
- 048 チェダーチーズとロースハムのサンドイッチ
- 049 ファルーシュ・3ジャンボン
- 050 コットハム＆チェダーチーズ クロワッサンサンド
- 051 アンシェン・ジャンボン・クリュ
- 052 プロシュート チャバタサンド
- 053 生ハムサンド
- 054 生ハムとルーコラのクルミバトン
- 055 胚芽の丸いパンのイベリコチョリソサンド
- 056 リンゴとローストポークのサンド
- 057 ボローニャ
- 058 ローストビーフ
- 059 STEAK&ROASTED MASHED POTATOS

CONTENTS

▶ 定番のサンドイッチ
- 060 カツサンド（特製上ひれかつサンド）
- 062 特製厚切りろーすサンド
- 063 KATSU SANDWICH
- 064 チキンかつサンド
- 065 えび板かつサンド
- 066 ハムカツレツ

チキン・卵

- 068 シーザーチキン
- 069 サマセット
- 070 タンドリーチキンとパプリカのマリネ
- 071 ハーブローストチキン バゲットサンド
- 072 アンシェン・パヴォ・プーレ
- 073 イルサンド
- 074 若鶏のコンフィ
- 075 チキンコンフィのドッグサンド
- 076 サルサチキンのラップ
- 077 照焼きチキン
- 078 テリヤキチキン
- 079 テリヤキチキン チャバタサンド
- 080 鶏つくねサンド
- 081 ヴィエノワ
- 082 ブリオッシュ・ウフ

魚介類

▶ 定番のサンドイッチ
- 084 アボカドとシュリンプのサンドイッチ（シュリンプとアボカド）
- 086 スモークサーモンとクリームチーズ（ロックス 十五穀ローフサンド）
- 088 アボカド＆シュリンプ
- 089 シュリンプ＆アボカド クロワッサンサンド
- 090 自家製オイルサーディンとトマトのフォカッチャ・サンド
- 091 カジキマグロのサルサソース添え
- 092 海のラップ
- 093 サラダ・フリュイ・ド・メール
- 094 サラダツナ
- 095 ブリオッシュ・トン
- 096 ツナとアボカドのライ麦パンサンド
- 097 ファルーシュ・サーモン
- 098 クリームチーズとスモークサーモンのサンドイッチ、ピクルス添え
- 099 クリームチーズとスモークサーモンのブリオッシュサンド
- 100 サーモンクリームチーズJUNOスタイル
- 101 アボカド・サーモン・卵
- 102 サーモンとサラダのサンドイッチ
- 103 スモークサーモンときゅうりのライ麦パンサンド
- 104 サーモンチーズスクランブル

チーズ

▶ 定番のサンドイッチ
- ⑯ クロックムッシュ（クロックムッシュ）
- ⑱ クリームチーズのディップ

- ⑧ モッツァレラ＆ジェノバペースト チャバタサンド
- ⑨ ナポリ
- ⑩ とろとろモツァレラチーズとトマトのホットサンド
- ⑪ モッツアレラチーズとアンチョビバター
- ⑫ 生ハムとブリーチーズのバゲットサンド
- ⑬ ブリー・ド・モー
- ⑭ フルム・ダンベール
- ⑮ オーベルニュ
- ⑯ ドライトマトのクリームチーズのサンドイッチ
- ⑰ Levinのバターサンド／Mielのサンド

▶ ＋α プラスアルファ
- ⑳ サンドイッチ 味のポイント②ピクルス

ハンバーガー・ホットドッグ

▶ 定番のサンドイッチ
- ⑫ ハンバーガー（PLAIN BURGER）
- ⑯ ホットドッグ（ホットドッグ サワークラウト）

- ⑭ チーズバーガー
- ⑮ ダブルバーガー
- ⑯ BACON CHEESE BURGER
- ⑰ ロットバーガー
- ⑱ BAKER'S BURGER
- ⑲ テリヤキバーガー
- ⑳ アボカドバーガー
- ㉛ アボカドチーズバーガー
- ㉜ チリチーズバーガー
- ㉝ ハンバーゴ
- ㉞ スイートチリチキンバーガー
- ㉟ フィレオフィッシュ
- ㊳ プレーンドッグ
- ㊴ チリビーンズドッグ

▶ ＋α プラスアルファ
- ⑭⓪ サンドイッチを包む①形を保つ

タルティーヌ

- 142 タルティーヌプロヴァンサル
- 143 お野菜たっぷりオープンサンド
- 144 大分産有機レンコンのタルティーヌ
- 145 有機栽培ナスのタルティーヌ
- 146 有機栽培タマネギのタルティーヌ
- 147 有機栽培ラディッシュのタルティーヌ
- 148 有機ネギとブルーチーズのタルティーヌ
- 149 Alsace（アルザス）
- 150 生ハムとルーコラのタルティーヌ
- 151 リエットとキャロットラペのタルティーヌ
- 152 Landes（ランド）
- 153 ローストチキンと舞茸のタルティーヌ
- 154 Perigord（ペルゴール）
- 155 オイルサーディンのタルティーヌ
- 156 アボカドシュリンプのタルティーヌ
- 157 サーモンのムースとアンディーヴのタルティーヌ
- 158 Sicile（シチリア）
- 159 Bourgogne（ブルゴーニュ）
- 160 トム・ド・サヴォワチーズのタルティーヌ
- 161 Paris（パリ）

▶ ＋α プラスアルファ
- 162 サンドイッチを包む②切り口を見せる

ティーサンド

▶ 定番のサンドイッチ
- 164 ミックスサンド（ミックスサンドウィッチ）
- 166 生クリームサンド（ココアクッキー／バタークッキー）
- 168 サーモン・カマンベール入りチーズのサンドウィッチ
- 169 海老唐揚げのサンドウィッチ
- 170 カニのベシャメルサンドウィッチ
- 171 フルーツスペシャル
- 172 甘夏
- 173 バナナショコラ
- 174 フレッシュブルーベリー
- 175 ラムレーズン
- 176 スイートポテト
- 177 おぐら生クリーム

パーティ用サンドイッチ

▶ 定番のサンドイッチ
- 180 パーティカンパーニュ
- 182 ロールサンドイッチ
- 184 ミニオープンサンドイッチ

- 186 サンドイッチに使うパンリスト

- 189 掲載店リスト

- 194 パン別インデックス
- 197 店舗別インデックス

撮影　海老原俊之
デザイン　石山智博
編集　鍋倉由記子・大掛達也・佐藤順子

本書を読む前に

>>> 本書の前半は、「野菜」「チキン・卵」「魚介類」など、サンドイッチの具材別の章立てになっています。ひとつのサンドイッチに、たとえばハムとレタスとトマトなど、複数の素材が使われている場合は、メイン（主役）となるものに従って分類しています。

>>> 各章で掲載したサンドイッチのうち、とくに定番で、広く知られているサンドイッチについては、「定番のサンドイッチ」として章の最初にプロセス付きで紹介しています。

>>> サンドイッチは、基本的に1ページにつき1品紹介しています。
①サンドイッチ名　各店でのメニュー名を記載しています。アルファベットで表記している場合は、それに従っています。
②材料表　ひとつのサンドイッチに使う材料の一覧です。パンに挟む直前の状態と分量を示しており、スライスしたり、マヨネーズで和えるなどの調理工程が必要なものは、それを済ませた状態（卵サラダ、ホウレン草のソテーなど）とその分量を記載しています。また、材料の記載順は、⑤の材料写真の順番に従っています（カツサンドとハンバーガーの場合のみ、カツとパティを最初に記載）。材料写真に登場しないバター、マスタード、塩、コショウなどの一般調味料は、その後に列記しています。
・分量は目安です。パンの大きさや野菜のサイズなどに合わせて調整してください。
・パンに併記した数字はパンの大きさで、パンの長径×短径×高さ（厚さ）を示しています。
・分量の単位は、小さじ1＝5ml、中さじ＝10ml、大さじ＝15mlです。
・バターは基本的に無塩バターを使用しています。
・オリーブ油は、サンドイッチの仕上げに使う場合は基本的にエクストラ・ヴァージン・オリーブ油を使っています。マヨネーズなど一部には、ピュア・オリーブ油を使っている場合があります。
③注釈　材料表の下にある「＊」以下の文章は、材料に関する補足説明です。あらかじめきざんだり、調理が必要なものについて簡単に解説しています。
④作り方　サンドイッチを作る手順の解説です。
⑤材料写真　サンドイッチに使うパンと材料を、重ねる（もしくは挟む）順に並べています。パンを2枚使う、もしくはひとつのパンを2枚に切って使うサンドイッチの場合は、最初と最後がパンの写真になり、ひとつのパンに切り込みを入れ、そこに具材を挟むサンドイッチの場合は、最初だけがパンの写真になります。なお、写真は挟む直前の状態で、切り分けたり、和える・揚げるなどの調理をした後の状態を撮影しています。塩、コショウ、マヨネーズ、バターなどの一般的な調味料は省略しています。

野菜

vegetable

野菜をたっぷり挟んだフレッシュなサンドイッチ、
豆や豆腐を使った栄養満点のサンドイッチ
──ヘルシーさ、ナチュラルさが求められる現代、
野菜は飾りではなく「主役」の具材だ。
ふんだんに挟んでアピールしたい。

定番のサンドイッチ >>> サラダ・ニソワーズ　　　　　　　　　　　　　　　　　指導：BAGEL

ニソワーズ

南フランス・ニースの定番料理「サラダ・ニソワーズ」。ジャガイモ、ゆで卵、ツナ、インゲン、オリーブなどが入った、一皿でお腹がいっぱいになるほどボリュームたっぷりのサラダだ。これをパンに挟んだサンドイッチは、現地でもよく食べられている。オリーブやトマトの酸味が味わいのアクセント。

材料
リュスティック（13cm×11cm×3cm）　1個
ジャガイモ（スライス）　1/2個
ツナ　小1/2缶分
タルタルマヨネーズ（市販）　適量
紫タマネギ（みじん切り）　適量
黒コショウ　適量
インゲン　4本
トマト（スライス）　2枚
黒オリーブ（塩水漬け）　2〜3個
ゆで卵（スライス）　1/2個
サニーレタス　1枚
バター　適量
マヨネーズ　小さじ1
ドレッシング　適量

＊リュスティックはハード系のパン生地を、切り分けただけで成形せずに焼いたパン。
＊ドレッシングはE.V.オリーブ油と白ワイン酢を3対1の割合で合わせ、塩、コショウで味をととのえたもの。

3 インゲンは固めに塩ゆでする。

4 トマトは厚さ7mmの輪切りにする。

7 インゲンを並べ、ジャガイモを重ねる。ジャガイモの上にゆで卵のスライス（厚さ7mm）をのせる。

8 トマトのスライスを並べ、サニーレタスを重ねる。

1 ジャガイモは丸ごと柔らかくゆでて厚さ7mmにスライスする。熱いうちにバットに広げ、ドレッシングをふりかける。

2 ツナにタルタルマヨネーズ、みじん切りにした紫タマネギ、多めの黒コショウを入れ、混ぜ合わせる。

5 パンを横から2枚に切り、それぞれの切り口にバターをぬる。挟んだ時に上になるほうにマヨネーズをぬり、ドレッシングをふる。

6 下になるほうのパンに2のツナサラダをのせ、まんべんなく広げる。黒オリーブをスライスして散らす。

9 ドレッシングをしみ込ませたパンを重ね、軽く押さえる。

10 食べやすいように、2等分にする。

野菜 011

クリュディテ

**「クリュディテ」はフランス語で野菜サラダ。つまり生野菜のサンドイッチだ。
セロリの爽やかな風味とプラムの甘みが味わいのポイント**

VIRON渋谷店

材料
ヴィエノワ（17cm×5cm×5cm）　1本
クリームチーズ　大さじ1強
プティトマト　2個
プラム（ドライ）　2個
グリーンサラダ　ひとつかみ
セロリ（スライス）　7〜8枚
ドレッシング　大さじ1
バター　適量

＊クリームチーズにはみじん切りのニンニク、レモン、フェンネルを混ぜておく。
＊グリーンサラダはレタスやグリーンカール、トレヴィスなどを適宜に混ぜ合わせたもの。
＊セロリは厚さ3mmにスライスする。
＊ドレッシングはフランボワーズ酢、ハチミツ、塩、コショウを合わせたもの。

1　ヴィエノワに横から切り込みを入れる（切り離さない）。
2　切り込みを開いて下面にバターをぬり、クリームチーズをぬる。
3　プティトマトとプラムを半分に切って交互に並べ、グリーンサラダを重ねる。
4　セロリを並べてドレッシングをかけ、パンを閉じる。

ニソワ

ニースの地方料理「サラダ・ニソワーズ」に使う素材を、マヨネーズで和えてフィリングに。
バゲットよりモチッと歯切れのよいパンに挟んで

VIRON渋谷店

材料
パン（10.5cm×7cm×6cm）　1個
グリーンサラダ　ひとつかみ
サラダ・ニソワーズ　下記*の分量全部
バター　適量

*パンはバゲットの生地を切り分け、成形せずに焼いたもの。チャバッタに似た味わい。
*グリーンサラダは12ページ参照。
*サラダ・ニソワーズは、ゆでて塩、コショウしたジャガイモ（1/2個）、ゆで卵（くし切り2枚）、ツナ（大さじ山盛り1）、焼いて薄皮をむき、オリーブ油に漬けた赤・黄ピーマン（1/2個分）、アンチョビーを詰めたグリーンオリーブ（3個）、塩ゆでしたインゲン（2本）、パセリ適量を、マヨネーズとともに混ぜ合わせたもの。

1　パンに、横から切り込みを入れる（切り離さない）。
2　切り込みを開いて下面にバターをぬり、グリーンサラダを敷く。
3　マヨネーズで和えたサラダ・ニソワーズを詰める。

野菜　013

ベジタリアン チャバタサンド

動物性の素材を使わず、野菜だけで仕立てたベジタリアンのためのサンドイッチ。
野菜はコンフィやグリルにして、それぞれの甘さを引き出している

DEAN & DELUCA

材料
チャバッタ（12cm×12cm×8cm）　1個
トレヴィス　1枚
エンダイブ　適量
ズッキーニ（スライス）　2切れ
ピーマン（赤・黄）のコンフィ　各1切れ
ナス　2切れ
マスタード　小さじ1
オリーブ油　適量

*赤・黄ピーマンは、油で揚げて薄皮をむく。低温（70〜80℃）のオリーブ油でゆっくり加熱し、そのまま油に漬けて冷ましておく。

1　ズッキーニとナスを厚めの斜め切りにし、さっとグリルする。
2　チャバッタに横から切り込みを入れる（切り離さない）。切り込みを開き、下面にマスタードをぬる。
3　トレヴィス、エンダイブ、ズッキーニ、赤・黄ピーマン、ナスの順に重ね、オリーブ油をかける。パンを閉じる。

クイディテ

キュウリ、ニンジン、セロリなどの野菜を食べやすいようにせん切りにして挟む。
水分が出やすいのでこまめに仕込み、野菜が乾き、パンが水っぽくなるのを防ぐ

オーバカナル大崎店

材料
パン（24cm×5.5cm×5.5cm）　1本
グリーンカール　適量
せん切り野菜　60g
トマト（スライス）　3枚
バター　適量
マヨネーズ　適量
塩　適量

＊パンはパン・ド・カンパーニュの生地をバゲット型に成形して焼いたもの。
＊せん切り野菜はキュウリ、ニンジン、セロリをせん切りにし、3対1対1の割合で合わせておく。
＊トマトは半月形にスライスする。

1　パンに横から切り込みを入れる（切り離さない）。切り込みを開き、下面にバター、マヨネーズをぬる。
2　グリーンカールを敷き、せん切り野菜を広げてのせる。
3　トマトを挟み、塩をふる。パンを閉じる。

ベジタブルサンド

レタス、キュウリ、トマト、タマネギ、ニンジンを挟んだ野菜たっぷりのサンドイッチ。
ゴマ風味のドレッシングでコクをプラスしている

JUNOESQUE BAGEL自由が丘店

材料
ベーグル(10cm×10cm×3cm) 1個
レタス 2枚
キュウリ(スライス) 3枚
トマト(スライス) 2枚
紫タマネギ(スライス) 20g
ニンジン(細切り) 20g
ゴマドレッシング(市販) 大さじ1強
マヨネーズ 適量

*ベーグルはプレーンタイプを使用。
*ニンジンは細切りにして水にさらし、水きりをしてから使用する。

1　ベーグルを横から2枚に切り分ける。
2　下になるパンにレタスを敷き、マヨネーズをぬる。
3　キュウリのスライスを重ならないように並べ、トマトをのせる。
4　紫タマネギのスライスを散らし、ニンジンをのせる。
5　ゴマドレッシングをかけ、上になるパンで挟む。

チーズとアボカドの野菜たっぷりサンド

**デンマーク産のクリームチーズとクリーミーなアボカドのサンドイッチ。
チーズの塩気やアボカドのコクを、たっぷり挟んだ生野菜が引き立てる**

ハーティー・スープ

材料
パン（12cm×10cm×1cm）　2枚
クリームチーズ（スライス）　4〜5枚
アボカド（スライス）　1/4個
トマト（スライス）　1枚
キュウリ（スライス）　5枚
タマネギ（スライス）　1/8個分
ピーマン（スライス）　1/4個分
サニーレタス　3枚
バター　適量
粒マスタード　適量
マヨネーズ　適量

＊パンは全粒粉の生地にヒマワリやカボチャの種、もちあわなどが入った自家製の「五穀パン」を使用。
＊クリームチーズはデンマークの「ハバティ」というチーズを使用。クリーミーで、クセがなく食べやすい。他にゴーダチーズやチェダーチーズを使ってもよい。
＊サニーレタスは普通のレタスを使ってもよい。
＊粒マスタードはフランス・ポメリー社製のものを使用。辛みが少なく、用途が広い。

1　パン1枚にバター、粒マスタード、マヨネーズを薄くぬる。
2　クリームチーズをのせ、チーズと同じ厚さに切ったアボカドをのせる。
3　トマトをのせ、キュウリを重ならないように並べる。
4　タマネギ、ピーマンの順にのせ、サニーレタスを重ねる。
5　残りのパンにバターをぬって4にのせる。野菜がつぶれるので、上から押さえたりはしない。

梅ぼしと新鮮野菜

**梅干しが味のアクセント。少し甘めで味わいの柔らかなものを選ぶことがポイントだ。
裏漉しし、ジャムのような感覚で使用する**

プレイス イン ザ サン

材料
山型食パン（15cm×11cm×1.5cm）　2枚
梅ペースト　大さじ1
キュウリ（スライス）　1/3本
チェダーチーズ（スライス）　1枚
トマト（スライス）　1枚
サニーレタス　大1枚
タルタルソース　大さじ1
バター　少量

＊梅ペーストは梅干しの種を抜き、裏漉しする。
＊タルタルソースはマヨネーズにタマネギとキュウリのピクルスのみじん切りを適量混ぜたもの。

1　食パン2枚の片面に、少量のバターをぬり、両面を鉄板で焼く。
2　そのうち1枚のバターをつけた面に、梅ペーストを薄くぬる。
3　キュウリをまず縦に重ならないように並べ、その上に横に並べる。こうすると切った時の断面がきれいになる。
4　チェダーチーズとトマトをのせる。
5　食パンの形に合わせてサニーレタスの3方（芯の部分以外）を折り込み、上にのせる。
6　残りの食パンのバターをぬった面にタルタルソースをぬり、レタスの上に重ねる。
7　サンドイッチを適度に押して形を安定させる。半分に切り分ける。

にんじんと焼豚のサンド

オリジナルのニンジンソテーを挟んだ食パンサンド。ニンジンのシャキシャキ感を生かすため、
炒めすぎないのがポイント。ニンジンはマッチ棒よりやや細く、ショウガはさらに細くを目安に切る

Zopf

材料
食パン（13cm×13cm×1.6cm）　2枚
グリーンリーフ　大1枚
焼豚（スライス）　4枚
ニンジンとショウガのソテー　90g
マーガリン　大さじ1
マヨネーズ　小さじ1

＊ニンジンとショウガのソテーの作り方（分量は作りやすい量）。ニンジン大2本はマッチ棒よりやや細めのせん切り、ショウガ50gはさらに細いせん切りにする。フライパンにゴマ油を熱し、ニンジンとショウガを中火で手早く炒める。これを鍋の端に寄せてスペースを作り、白ワイン30ml、塩小さじ1/2、砂糖小さじ1と1/2、コンソメ（顆粒）小さじ1、無塩バター大さじ1を加える。すべて溶けたら、野菜と合わせてなじませる。白ゴマ小さじ1を加え混ぜて火を止め、レモン汁適量をさっとふる。

1　食パン2枚にマーガリンをぬる。
2　そのうち1枚にグリーンリーフを敷き、マヨネーズを線を描くようにのせる（挟んだ具材のすべり止めの役目がある）。
3　焼豚を少し重ねながら並べる。
4　ニンジンとショウガのソテーを、切った時にニンジンの断面が見えるように方向を揃えて並べる。
5　残りのパンで挟む。

豆腐のハーブマリネと野菜の五穀パンサンド

バジルとオレガノの風味をつけたオリーブ油で、木綿豆腐をマリネ。
たっぷりの野菜と一緒に挟んだ、ヘルシーなサンドイッチ

ハーティー・スープ

材料
パン（12cm×10cm×1cm）　2枚
バジルペースト　大さじ1強
アボカド（スライス）　1/3個分
木綿豆腐（スライス）　3枚
トマト（スライス）　1枚
タマネギ（スライス）　1/8個分
ピーマン（スライス）　1/4個分
サニーレタス　3枚
粒マスタード　適量

＊パンは17ページ参照。
＊バジルペーストは、バジルの葉6〜7枚、ニンニク1〜2かけ、オリーブ油大さじ1、塩ひとつまみをミキサーにかけたもの。
＊木綿豆腐はゆでて水気をきり、4cm×4cm×1cmの大きさに切る。ニンニク、赤トウガラシ、ドライのバジルとオレガノを入れたオリーブ油をひたひたに注ぎ、マリネする。冷蔵庫で1週間日持ちする。
＊サニーレタスは普通のレタスを使ってもよい。

1　パン1枚にバジルペーストを薄くぬる。

2　アボカドのスライス（厚さ7mm）を並べ、軽く油をきった豆腐を並べる。

3　トマトのスライスをのせ、タマネギ、ピーマンを重ねてのせる。

4　サニーレタスをのせ、もう1枚のパンにマスタードを薄くぬって3にのせて挟む。

トーフサンドウィッチ

**ターメリックの色と香りが鮮やかな豆腐を挟んだ、ベジタリアンのためのサンドイッチ。
豆腐の水きりを充分に行ない、水分を完全にとばすように炒めるのがポイント**

ホームワークス

材料
グラハムパン（16cm×11cm×1.5cm）　2枚
タルタルソース　大さじ1
豆腐のターメリック風味　½丁分
トマト（スライス）　2枚
レタス　1枚

＊タルタルソースはマヨネーズ、丸のまま一晩水にさらしたタマネギのみじん切り、ピクルスのみじん切りを合わせたもの。
＊豆腐のターメリック風味（分量は作りやすい量）。木綿豆腐2丁の水気をしっかりきる。ニンニク1かけをバターで炒め、豆腐を加えてほぐすように炒めて水分をとばす。別鍋でタマネギなどの香味野菜と赤ピーマンのみじん切りを炒める。豆腐と野菜を合わせ、塩、コショウ、ターメリックで調味する。

1　グラハムパン2枚を片面のみ鉄板で焼く。
2　そのうち1枚の焼いた面にタルタルソースをぬり、豆腐のターメリック風味をのせて均等な厚さに広げる。
3　トマト（厚さ5mm）を並べる。レタスをパンのサイズに合わせて折り込んでのせる。
4　もう1枚のパンの焼き面にタルタルソースをぬり、3に重ねる。軽く押さえて形を落ち着かせ、半分に切る。

ルーコラとブリー・チーズのくるみパンサンド

たっぷりのルーコラとブリー・ド・モーを挟んだシンプルなサンドイッチ。
ルーコラのほろ苦い風味とチーズのまろやかさ、クルミの香ばしさが好相性

ハーティー・スープ

材料
クルミ入りパン・ド・カンパーニュ（20cm×9cm×1cm）　2枚
ブリー・ド・モー（スライス）　5枚
ルーコラ　5株（25枚）
塩　適量
コショウ　適量
オリーブ油　適量

＊クルミ入りパン・ド・カンパーニュは、自家製の天然酵母を使ったパン・ド・カンパーニュの生地にクルミを混ぜ、焼いたパン。
＊ブリー・ド・モーはフランス産の白カビチーズ。

1　パン1枚にブリー・ド・モー（厚さ3mm）を並べ、軽く塩をふる。
2　ルーコラを塩、コショウ、オリーブ油で和え、ブリーチーズの上にたっぷりとのせる。
3　もう1枚のパンをのせて挟む。

ホウレン草ベーグル

ヘルシーさが人気のベーグルは、具材もヘルシーに。特製ガーリックソースが食欲をそそる。
バターが固まらないよう、暖かい時期にだけ販売しているサンドイッチ

Zopf

材料
ベーグル（13cm×13cm×4cm）　1個
ミックスペースト　小さじ1
グリーンリーフ　1枚
ホウレン草ソテー　1/4束分
ガーリックソース　小さじ1

＊ミックスペーストは、サワークリームとクリームチーズを同割で混ぜ合わせたもの。
＊ホウレン草のソテーは、ホウレン草をさっと下ゆでして、余分な水気をきる。熱したバターで炒め、塩とコショウで味をととのえる。
＊ガーリックソースはオリーブ油でニンニク（細切り）を炒め、香りが立ってきたらベーコン（細切り）を加える。醤油、砂糖、塩、コショウで味をととのえ、水分がなくなるまで炒める。

1　ベーグル（黒ゴマ入り）を横から2枚に切り、切り口にミックスペーストをぬる。
2　下になるベーグルにグリーンリーフを敷き、ホウレン草ソテーを盛る。
3　ガーリックソースをのせて、残りのベーグルで挟む。

ピタサンド レンズ豆のサラダ

ピタパンの中の空洞に、レンズ豆のサラダをたっぷり詰めたサンドイッチ。
サラダにはトマトとタマネギを混ぜ、あっさりとした味わいに仕上げている

BAGEL

材料
ピタパン（16cm×9cm×0.5cm）　1/2個
レタス　2枚
レンズ豆のサラダ　80g
ブロッコリー　2切れ

*レンズ豆のサラダは、レンズ豆をタマネギ、ニンジン、セロリ、タイム、ローリエとともにゆでて水気をきり、冷ます。角切りのトマト（皮を湯むきして種を除く）、みじん切りのタマネギ（塩もみし、よく水気を絞る）を混ぜ、ドレッシング（マスタード、白ワイン酢、グレープシード油、塩、コショウ）を加えて混ぜる。
*ブロッコリーは塩ゆでする。

1　ピタパンの口を袋状に広げ、破かないようにレタスを敷き入れる。
2　レンズ豆のサラダを詰め、ブロッコリーを挿し込む。

キノコのピタ

**6種類のキノコはグリルして、それぞれの味と香りを凝縮。隠し味にバターを加えている。
手間を惜しまず、キノコを手できざむのがおいしく仕上げるコツ**

Zopf

材料
ピタパン（14cm×14cm×0.8cm）　½個
グリーンリーフ　1枚
キノコのオリーブオイル漬け　70g
レモン（スライス）　1枚

＊キノコのオリーブオイル漬け（分量は作りやすい量）。シイタケ1kg、マッシュルーム150g、ブラウンマッシュルーム100g、エノキ茸250g、マイタケ200g、シメジ250gをそれぞれ包丁で食べやすい大きさに切り揃える。天板にまんべんなく広げ、ニンニクのみじん切り、バター、オリーブ油各適量をふる。250℃のオーブンで10分間ほど加熱し、キノコを裏返して、さらに10分間加熱する。塩とコショウで味をととのえ、レモン汁をふる。これを冷まして保存する。

1　ピタパンの口を開き、グリーンリーフを敷き入れる。
2　キノコのオリーブオイル漬けを入れ、レモンを添える。

リンゴとブリー・チーズのホットサンド

**甘酸っぱいリンゴ、まろやかなチーズ、香り豊かなセロリの組み合わせ。
香ばしく焼けたチーズのカリカリ感が全体のアクセント**

ハーティー・スープ

材料
パン・ド・カンパーニュ（20cm×7cm×1cm）　2枚
ブリー・ド・モー（スライス）　5枚
リンゴ（スライス）　1/4個
セロリの葉　ひとつかみ
バター　適量
塩　適量
コショウ　適量

＊ブリー・ド・モーは22ページ参照。
＊リンゴは皮付きのまま使用。種を除き、厚さ7〜8mmのくし形に切る。
＊セロリの葉は細長くきざむ。

1　パン・ド・カンパーニュ1枚にバターをぬる。
2　ブリー・ド・モーを並べ、リンゴを重ねる。
3　塩、コショウをふり、セロリの葉をのせる。
4　もう1枚のパン・ド・カンパーニュにバターをぬり、挟む。
5　パニーニ用のホットサンドメーカーでこんがりと焼く。

エルビス

アメリカではエルビス・プレスリーの好物として「エルビス」の名で親しまれているサンドイッチ。
ピーナッツバター、バナナ、カリカリにソテーしたベーコンという組合せが、意外によく合う

ベターデイズ

材料
パン（11.5cm×10.5cm×4cm）　1個
ピーナッツバター　大さじ1½
バナナ　½本
ベーコン（スライス）　2枚
ハチミツ　大さじ½
バター　少量

＊パンは冷凍生地を使用したパン。チャバッタに近い味わい。
＊ピーナッツバターは柔らかいクリーミータイプを使用。
＊ベーコンはカリカリにソテーする。

1　パンを常温で解凍し、横から2枚に切り分ける。それぞれ切り口にピーナッツバターをぬる。
2　1枚のパンに斜め切りにしたバナナを敷き詰める。
3　二つ折りにしたベーコンをのせる。ハチミツをたらす。
4　残りのパンをのせて挟む。
5　上のパンの表面にバターをぬり、200℃に熱したパニーニ用グリラーで30秒間プレスして焼く。半分に切り分ける。

野菜 027

サンドイッチ 味のポイント ① >>> マスタード

三角サンド、ハンバーガー……どんなサンドイッチにも必ず使われているのがマスタード。味わいに奥行きを与えたり、脂の多い素材にぬって食べやすくしたりと、その効果はさまざま。ひとくちにマスタードといっても、種類はいろいろ。サンドイッチによく使われるのは、欧米で一般的な黒カラシ(ブラウンマスタード)から作るもの。日本の和ガラシとは品種が違う(和ガラシは色と辛みが強烈で、サンドイッチにはあまり使わない)。なかでも黒カラシの種子を丸のまま酢、ワイン、塩などで漬けた「粒マスタード」と、漬けてから皮を除きペースト状にした「ペーストマスタード」がよく使われ、とくにフランス・ディジョン地方で作られる「ディジョンマスタード」はまろやかな辛さと上品な香りで人気が高い。使う量によっても味の感じ方が変わるので、特性をとらえたうえで使いたい。

ディジョンマスタード
独特のホイップしたように軽い質感は、パンにもぬりやすい。

粒マスタード
噛んだ時のプチプチ感や独特のほろ苦さがサンドイッチのアクセントにもなる。

ハム・ポーク・ビーフ

ham+pork+beef

ボリューム感のあるサンドイッチに不可欠な、
各種ハムやローストビーフなどの具材。
ハム・サラミ類は近年バリエーションが増え、
使う楽しみが広がっている。
豚肉といえばはずせないカツサンドも併せて掲載。

定番のサンドイッチ >>>B.L.T.　　　　　　　　　　　　　　　　　　　　　　　指導：ホームワークス

B.L.T.

ベーコン、レタス、トマトの頭文字をとってB.L.T.。それぞれをたっぷり挟んだサンドイッチは、アメリカンタイプの代表格だ。ポイントはベーコンを焦がさないようカリカリに焼くことと、トマトは甘みのあるものを使用すること。それぞれの具材をパンからはみ出さないように重ねていくと、きれいに仕上がる。

材料
食パン（11cm×11cm×2cm）　2枚
ベーコン（スライス）　6枚
トマト（スライス）　2枚
レタス　1枚
タルタルソース　大さじ2
バター　少量
塩、コショウ　適量

＊タルタルソースは、マヨネーズに1割程度のタマネギ（みじん切り）とピクルス（みじん切り。甘みのないものを使用）を混ぜる。好みでゆで卵のみじん切りを加えてもよい。なお、タマネギは、皮をむいて天地を切り落とし、1日水にさらして辛みを和らげてからみじん切りにする。

3 ほんのりと焦げめがついたら裏返す。

4 同時進行でベーコンを焼く。焦がさないよう火加減を調整し、色づいてきたら裏返す。表面がカリカリになるよう、ベーコンから溶け出てきた脂でじっくりと焼く。

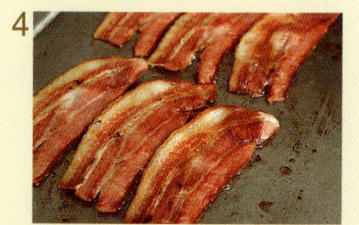

1 食パンのそれぞれの片面に、少量のバターをぬる。

5 ベーコンの脂を充分にきり、パン1枚のバターをぬった面に3枚並べる。その上に90度向きを変えて3枚並べる。

2 バターをぬった面から鉄板で焼く。

6 トマト2枚をパンの天地いっぱいに並べ、塩、コショウをふる。ベーコンの塩気が強い時は、コショウのみでよい。

7 パンの大きさに合わせてレタスを折ってパンにのせる。この時、レタスの巻きに逆らわないように折るとよい。

8 もう1枚の食パンのバターをぬっていない面にタルタルソースをぬり、レタスの上に重ねる。

9 上から包丁で押さえて落ち着かせる。

10 三角形に4等分する。崩れないように手で押さえながら切り分ける。

ハム・ポーク・ビーフ

定番のサンドイッチ >>>リエットのサンドイッチ　　　　　指導：ムッシュ ソレイユ

リエットのカスクルート

肉のコクと旨みがたっぷりのリエットは、フランスの伝統的な保存食。フランスのサンドイッチに欠かせない具材だ。肉が骨からするりとはずれるくらいまで柔らかくコンフィにするため、時間はかかるが、日持ちするのでまとめて作っておくと便利。豚肉や鴨肉、ラードの配合は好みだが、あまり野菜を入れないほうが日持ちはよい。

材料
バゲット（27cm×5cm×4.5cm）　1本
豚バラ肉　2kg
鴨モモ肉　1kg
塩　55g
黒粒コショウ　適量
タイム　適量
ローリエ　適量
ショウガ　適量
ニンニク　適量
日本酒　適量
ラード　1.4kg
タマネギ（スライス）　1個
ニンジン（スライス）　1本

1　リエットを作る。豚バラ肉と鴨モモ肉を3cm角に切る。塩、砕いた黒粒コショウ、タイム、ローリエ、ショウガ、ニンニク、日本酒と合わせ、一晩冷蔵庫でマリネする。

2　鍋にラードを入れて火にかけ、溶かす。マリネした豚と鴨、スライスしたタマネギ、ニンジンを入れ、火力を強めて沸かす。

3　ラードが溶けたら、全体をざっと混ぜる。油の温度を90〜95℃に保ち、6〜7時間コンフィにする。

4　写真のように柔らかく煮崩れる状態になったら火を止める。骨やハーブ類を取り出す。

5　ザルにあけ、脂と肉に分ける。ここで肉についた脂まで完全にきる必要はない。

6　熱いうちに肉はミキサーにかけてほぐし、ボウルに取り出して粗熱をとる。この時、スジなどが残っていたら随時取り除く。

7　脂は時々かき混ぜながら冷蔵庫で冷やし固める。かき混ぜるのは、脂に混じっている肉汁などと脂が分離するのを防ぐため。

8　冷えてなめらかなクリーム状になった脂を、少しずつ肉に加えながら、木杓子で合わせていく。

9　仕上がりの状態。

10　バゲットに薄くぬってサンドイッチに。リエットは、表面をラードで覆い、空気に触れないようにすれば、冷蔵庫で1ヵ月間ほど保存が可能。

ハム・ポーク・ビーフ

B.L.T.

立方体に焼いたパンで作る、見た目も楽しいB.L.T.サンド。
薄焼き卵を挟み、まろやかな味わいと鮮やかな黄色をプラスしている

ブランジュリ タケウチ

材料
パン（9cm×9cm×3cm）　1個
グリーンサラダ　適量
ベーコン（スライス）　1枚
薄焼き卵　1枚
トマト（スライス）　1枚
プティトマト（黄）　1個
ディジョンマスタード　適量
粒マスタード　適量
パルミジャーノチーズ　適量
黒コショウ　適量

＊パンは食パンの生地を、立方体の型に入れて焼いたもの。
＊グリーンサラダはサニーレタスやトレヴィス、マーシュなどを混ぜ合わせたもの。
＊ベーコンはカリカリに焼いておく。
＊薄焼き卵は全卵をほぐし、薄く焼いたもの。

1　パンを横に3等分にする。一番下になるパンの切り口にディジョンマスタードを薄くぬる。サラダをのせ、ベーコンを折って重ねてディジョンマスタードをぬる。黒コショウをふる。

2　真ん中になるパンを重ね、上面にディジョンマスタードをぬる。サラダをのせ、薄焼き卵、トマト、半分に切ったプティトマトを重ね、粒マスタードをぬる。

3　残りのパンをのせ、全体にパルミジャーノチーズと黒コショウをふる。

クラブハウスサンドイッチ

2種のハムとカリッと焼いたベーコンにチェダーチーズをのせて焼き、野菜と挟んだ
オリジナルクラブハウスサンド。ベーコンのクリスピーな触感がポイント

ファンゴー

材料
ライ麦パン（20cm×7cm×6cm）　½本
タルタルソース　20g
グリーンカール　2枚
トマト（スライス）　3枚
タマネギ（スライス）　適量
キュウリ（スライス）　3枚
ターキーハム（スライス）　2枚
ロースハム（スライス）　2枚
ベーコン（スライス）　2枚
チェダーチーズ（スライス）　1枚
白ワイン、水　各少量
粒マスタード　小さじ1
バター　大さじ1

＊タルタルソースは、タマネギとキュウリのピクルス（2対1）を適当に切り、マヨネーズ、オリーブ油、バルサミコ酢、ケチャップ、塩、コショウ、レモンの搾り汁を加えてフードプロセッサーにかける。これをマヨネーズでのばしたもの。

1　ライ麦パンは横から2枚に切る。切り口にバターをぬって鉄板にのせ、ドーム型の蓋をかぶせて切り口のみを焼く。
2　二つに折ったターキーハムとロースハムを交互に重ね、カリッと焼いたベーコンをのせる。上にチェダーチーズをのせて鉄板（弱火）にのせ、水で割った白ワインを少量ふり、蓋をして蒸し焼きにする。
3　タルタルソースを1枚のパンにぬる。
4　グリーンカールを2枚重ねて敷き、トマト、タマネギ、キュウリの順に重ねる。ここに焼いた2をのせる。
5　もう1枚のパンに粒マスタードをぬり、重ねる。半分に切る。

SPECIAL CORN BEEF SANDWICH

**しっとり柔らかい自家製のコーンビーフを挟んでパンとの一体感を楽しむ。鉄板で焼く時に
パンの大きさに合わせて成形し、パンの間にぎっしり具を詰めるようにする**

ベイカーバウンス

材料
食パン（15cm×15cm×0.5cm）　2枚
コーンビーフ　150g
グリュイエールチーズ（スライス）　3枚
レタス　1枚
トマト（スライス）　1枚
タマネギ（スライス）　1枚
マヨネーズ　小さじ1
バター　適量

＊コーンビーフは豚の肩バラ肉をたっぷりの湯に入れ、ごく弱火で5〜6時間ゆでる。肉が柔らかくなったらほぐし、塩とコショウで味をととのえ、冷蔵庫で保存しておく。

1　食パン2枚を鉄板でトーストする。
2　コーンビーフを鉄板にのせ、パンの形に合わせて形を整えながらソテーする。
3　トマトは約5mmに、タマネギは1〜2mmの厚さにスライスする。レタスはパンの大きさに合わせて折りたたむ。
4　トーストしたパン1枚の片面にバターをぬり、グリュイエールチーズをのせて鉄板で温める。
5　チーズの上にコーンビーフをのせる。
6　レタス、トマト、タマネギの順に重ね、残りのパンにバターをぬって挟む。楊子を刺してから2等分に切る。

パテ・ド・カンパーニュ

**豚肉で作るパテ・ド・カンパーニュは、フランスの定番のおそうざい。
たっぷり挟んでボリュームのあるサンドイッチに**

VIRON渋谷店

材料
バゲット（20cm×5.5cm×5.5cm）　1本
グリーンサラダ　ひとつかみ
パテ・ド・カンパーニュ　2枚
コルニション　2〜3本
バター　適量
ディジョンマスタード　大さじ1

＊バゲットはケシの実をふって焼いたものを使用。
＊グリーンサラダは12ページ参照。
＊パテには豚（信州産の舞豚）の肩周辺の肉を使用。塩、コショウ、キャトルエピス（コショウ、ナッツメッグ、クローヴなど4種類のミックススパイス）で一晩マリネし、翌日挽いてミンチにする。卵、白ワイン、コニャック、ポルト酒を混ぜる。型に網脂を敷き、肉を詰めて一晩ねかせる。90℃のコンベクションオーブンで2時間加熱する。

1　バゲットに横から切り込みを入れる（切り離さない）。
2　切り込みを開き、下の面にバターとディジョンマスタードをぬる。
3　グリーンサラダを敷き、パテ・ド・カンパーニュを並べる。
4　縦半分に切ったコルニションをのせ、パンを閉じる。

鴨と豚肉のリエット バゲットサンド

**皮まで柔らかいソフトタイプのバゲットは、トーストしてもおいしいパン。
しっとりしたリエットをたっぷりぬり、コルニションの酸味で全体の味を引き締める**

DEAN & DELUCA

材料
ソフトバゲット（18cm×6cm×6cm）　1本
鴨と豚肉のリエット　大さじ2
コルニション　4本
エンダイブ　適量
タマネギ（みじん切り）　大さじ1
マスタード　適量
黒コショウ　適量

＊鴨と豚肉のリエットは、ニンジン、タマネギ、セロリをさいの目に切り揃えてソテーする。ここに角切りにした豚バラ肉、骨付きのままぶつ切りにした鴨肉を加え、水をひたひたに加える。白ワイン少量を加え、煮崩れるまで約4時間煮る。脂と肉に分け、肉はミキサーにかけ、少しずつ脂を足しながら回す。つぶした青粒コショウと塩で味をととのえ、適度な固さになったら型に入れて、一晩ねかせる。

1　ソフトバゲットに横から切り込みを入れる（切り離さない）。
2　切り込みを開き、切り口にマスタードをぬる。下になる面にリエットをぬり、コルニションを並べる。
3　エンダイブをのせ、タマネギを散らす。黒コショウをふる。

ベーコンとクレソンのサンド

たっぷり挟んだベーコンがおいしさのポイント。クレソンのほのかな苦みが
ベーコンのコクとよく合う。ベーコンは薄切りにし、ざっとほぐして食べやすく

オーバカナル大崎店

材料
バゲット（23cm×6.5cm×6cm）　1本
ベーコン（スライス）　50g
クレソン　適量
バター　適量

＊ベーコンはごく薄切りにし、食べやすいように
ざっとほぐしてから使う。

1　バゲットの横から切り込みを入れる（切り離さない）。切り込みを開いて上面にバターをぬる。
2　ベーコンをほぐして挟む。
3　クレソンの葉のみを切り分け、ベーコンにのせる。葉が外から見えるようにバランスよく挟む。

かりかりベーコン&かぼちゃチーズ

まろやかなカボチャとカリカリのベーコンは相性抜群。
レーズンの爽やかな甘みとクリームチーズのコクを加え、食べ飽きない1品に

JUNOESQUE BAGEL自由が丘店

材料
ベーグル（10cm×10cm×3cm）　1個
サニーレタス　2枚
カボチャサラダ　50〜60g
レーズン（ドライ）　10粒
ベーコン（スライス）　3枚
クリームチーズ　大さじ1

＊ベーグルはカボチャ入りのものを使用。
＊カボチャサラダは皮付きのままゆでたカボチャをつぶし、マヨネーズとコショウで和えたもの。
＊ベーコンはカリカリに焼き、黒コショウをふっておく。

1　ベーグルを横から2枚に切り分け、下になるほうにサニーレタスを敷く。
2　カボチャサラダをのせてまんべんなく広げ、レーズンを散らす。
3　焼いたベーコンを並べる。
4　上になるパンにクリームチーズをぬり、重ねる。

コッホシンケン

「コッホシンケン」をたっぷり挟んだシンプルなサンドイッチ。
熟成したおいしさをストレートに味わうために、ピクルスだけを添えて

オーバカナル大崎店

材料
バゲット（23cm×5cm×5cm）　1本
コッホシンケン（スライス）　50g
コルニション　3本
バター　適量

＊バゲットは風味豊かなバゲット・トラディショナルを使用。
＊コッホシンケンはモモ肉の塩漬けハムのこと。

1　バゲットに上から切り込みを入れる（切り離さない）。
2　切り込みを開き、バターをぬる。
3　コッホシンケンを半分に折って挟む。
4　コルニションを挿し込む。

ビア・シンケン

**ゴマがたっぷりついたドイツ風の丸パンに、ビアシンケンを筆頭に
数種の具材をたっぷり挟んだリッチなサンドイッチ**

オーバカナル大崎店

材料
カイザーゼンメル
　（11.5cm×11.5cm×5cm）　1個
グリーンカール　1枚
ビアシンケン（スライス）　4枚
タマネギ（スライス）　10g
トマト（スライス）　2枚
ゴーダチーズ（スライス）　1枚
マヨネーズ　適量
塩　少量
黒コショウ　少量

＊ビアシンケンは、ソーセージ生地の中に塩漬けの豚肉が入った食肉加工品。
＊タマネギはスライスし、しばらく水にさらして辛みを抜いたのち、水気を絞っておく。

1　カイザーゼンメルに横から切り込みを入れる（切り離さない）。
2　切り込みを開いて下面にマヨネーズをぬり、グリーンカールを敷く。
3　ビアシンケンを二つ折りにしてのせ、タマネギ、トマト（厚さ5mm）、二つに折ったゴーダチーズの順に重ねて、最後に塩、黒コショウをふる。

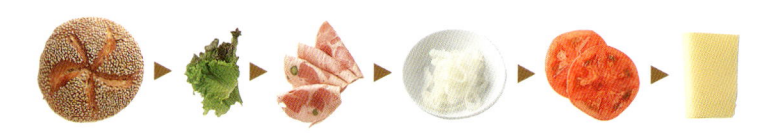

ペッパーシンケンのカンパーニュサンド

ペッパーシンケンのコク、クランベリーの爽やかな酸味、マスタードグリーンのピリッとした辛さがよく合う、シンプルだけど印象的なサンドイッチ

ブランジュリ タケウチ

材料
パン・ド・カンパーニュ
　（17cm×12cm×2.5cm）　1枚
クリームチーズ　大さじ1
クランベリー（ドライ）　約10粒
グリーンサラダ　適量
ペッパーシンケン（スライス）　1枚
マスタードグリーン　1〜2枚
パルミジャーノチーズ　適量
オリーブ油　適量

＊グリーンサラダは34ページ参照。

1　パン・ド・カンパーニュに横から切り込みを入れる（パンは切り離さない）。下になる面にクリームチーズをぬる。
2　クランベリーを散らし、グリーンサラダを重ねる。
3　ペッパーシンケンを半分に切り、挟み込む。
4　マスタードグリーンを挟み、パルミジャーノチーズをふる。
5　マスタードグリーンにオリーブ油をふりかける。

ヨーグルトライサンドDX

「ヨーグルトライ」はZopfオリジナルのライ麦パン。
これに野菜やハム、チーズなどを5段重ねにしたデラックスなサンドイッチ

Zopf

材料
ライ麦パン（直径30cmのドーム型のパンを1/4
に切り、5mmにスライスする）　6枚
ミックスペースト　適量
ニンジンとショウガのソテー　25g
ホワイトハーブウインナー　1/2本
ザワークラウト　30g
ミモレットチーズ（スライス）　適量
ペッパーシンケン（スライス）　1枚
豚肉のリエット　大さじ1

＊ライ麦パンは「ヨーグルトライ」という名前の
Zopfオリジナルのパンを使用。
＊ミックスペーストは23ページ参照。
＊ニンジンとショウガのソテーは19ページ参照。
＊ザワークラウトは、フライパンにラードを熱し、
マッチ棒程度に切り揃えたベーコンとタマネギ
を炒める。市販のザワークラウトを加え混ぜ、白
ワイン、ローリエ、ジュニパーベリーを加える。ほ
どよい歯ごたえを残すように5〜10分間煮て、
塩とコショウで味をととのえる。
＊豚肉のリエットは、豚肉（赤身）500gを豚の
背脂350gで3〜4時間コンフィにする。塩とコ
ショウで調味し、肉をほぐす。粗熱をとり、粗い
ペースト状にして保存する。

1　ライ麦パンは、具と接する面にすべてミックスペーストをぬる。
2　一番下になるパンに、ニンジンとショウガのソテーをのせ、パンをかぶせる。この後は、具の間にライ麦パンを挟みながら、ホワイトハーブウインナー、ザワークラウト、ペッパーシンケンと薄く削ったミモレットチーズ、豚のリエットの順に重ねていき、最後に残りのライ麦パンで挟む。

ホットパストラミ

アメリカンサンドイッチの定番具材パストラミ。牛肉の塊を塩漬け後に加熱し、燻製にかけた牛肉加工品だ。合わせるパンはライ麦パンがおすすめ

ファンゴー

材料
ライ麦パン（20cm×7cm×6cm）　½本
グリーンカール　2枚
トマト（スライス）　3枚
タマネギ（スライス）　適量
パストラミ（スライス）　10枚
マヨネーズ　適量
粒マスタード　小さじ1
バター　大さじ1

＊トマトは厚さ5mmの半月形に切る。

1　ライ麦パンは横から2枚に切る。切り口にバターをぬって鉄板にのせ、ドーム型の蓋をしてバターの面のみ焼く。
2　そのうち1枚のパンにマヨネーズをぬり、グリーンカール2枚を敷く。トマトとタマネギをのせる。
3　パストラミを2枚ずつずらして重ね、鉄板であぶる程度に温め、2に重ねる。
4　もう1枚のライ麦パンに粒マスタードをぬり、3に重ねる。半分に切る。

サヴォア

**じっくりと飴色になるまで炒めたタマネギがおいしさのポイント。
スモークハムとエメンタールチーズがタマネギの甘さを引き立てる**

ベターデイズ

材料
フォカッチャ（13.5cm×9cm×3.5cm）　1個
チプリアーニソース　大さじ1½
サニーレタス　1枚
スモークハム（スライス）　3枚
エメンタールチーズ（スライス）　15g
炒めタマネギ　⅙個分

＊フォカッチャは冷凍生地を室温で解凍する。
＊チプリアーニソースは、マヨネーズの酸味をやわらげ、まろやかにするために、適量の生クリームを加え、マスタードとブランデーを少量ずつ加えて味をととのえたもの。
＊炒めタマネギは、タマネギを薄くスライスし、オリーブ油をひいた鍋でじっくりと炒めたもの。

1　フォカッチャを横から2枚に切る。切り口にそれぞれチプリアーニソースをぬる。
2　下になるパンにサニーレタスをのせ、スモークハムを広げる。重ならないようにエメンタールチーズを並べる。
3　炒めタマネギを散らす。
4　残りのパンで挟み、200℃に熱したパニーニ用グリラーで30秒ほどプレスして焼く。半分に切り分ける。

アンシェン・ミックス

**ロースハムと野菜、チーズを組み合わせたオーソドックスなサンドイッチ。
ハムをたっぷりと使い、リッチな味わいに仕立てている**

PAUL六本木一丁目店

材料
バゲット（24cm×4.5cm×3.5cm）　1本
グリーンリーフ　1枚
トマト（スライス）　3枚
ハム（ごく薄切り）　4枚
エメンタールチーズ（スライス）　2枚
バター　適量

1　バゲットに横から切り込みを入れる（切り離さない）。
2　切り込みを広げ、下面にのみ、パンの気泡を埋めるようにバターをたっぷりとぬる。
3　グリーンリーフをのせ、トマトを並べる。
4　ごく薄切りのハムをのせ、エメンタールチーズを並べる。パンを閉じる。

チェダーチーズとロースハムのサンドイッチ

ロースハムとチェダーチーズのシンプルなサンドイッチ。
イングリッシュマフィンの香ばしさと野菜のシャキシャキ感がポイント

BAGEL

材料
イングリッシュマフィン
（7cm×7cm×2.5cm）　1個
サニーレタス　1枚
キュウリ（スライス）　2枚
ロースハム（スライス）　1枚
チェダーチーズ（スライス）　1枚
バター　適量
粒マスタード　適量
マヨネーズ　適量

1　イングリッシュマフィンに横から切り込みを入れる（切り離さない）。
2　切り込みを開き、下になる面にバターと粒マスタードをぬり、サニーレタスをのせる。
3　キュウリを並べ、マヨネーズをぬる。
4　ロースハムを二つ折りにしてのせ、チェダーチーズも二つに折って重ねる。パンを閉じる。

ファルーシュ・3ジャンボン

**生ハム、ロースハム、サラミの3種類のハムを一度に味わうサンドイッチ。
柔らかい口当たりのパンがハムの塩気とよく合う**

PAUL六本木一丁目店

材料
ファルーシュ（14cm×14cm×3cm） 1枚
グリーンリーフ 1枚
生ハム（スライス） 1枚
ロースハム（スライス） 2枚
サラミ（スライス） 1枚
バター 適量

＊ファルーシュはバゲットなどに近い生地を、浅めに焼き上げたシンプルな味わいのパン。

1　ファルーシュを横から2枚に切り分ける。
2　下になるパンに、気泡を埋めるようにバターをたっぷりとぬる。
3　グリーンリーフをのせ、左から生ハム、ロースハム、サラミの順に二つに折ってのせる。
4　上になるパンをのせて挟む。

ハム・ポーク・ビーフ

コットハム&チェダーチーズ クロワッサンサンド

**生ハムとは違う旨みが楽しめるプロシュート・コットをチェダーチーズと組み合わせ、
充分な食べごたえを持たせつつ、野菜もたっぷりのせてヘルシーに**

DEAN & DELUCA

材料
クロワッサン（17cm×7cm×6cm） 1個
プロシュート・コット 3枚
チェダーチーズ 1枚
ルーコラ 適量
エンダイブ 適量
マスタード 小さじ1
マヨネーズ 適量

＊プロシュート・コットはイタリア産の加熱ハム。

1　クロワッサンに横から切り込みを入れる（切り離さない）。切り込みを開き、下面にマスタードをぬる。
2　プロシュート・コットとチェダーチーズを重ねてマヨネーズをぬる。ルーコラ、エンダイブの順に重ねて挟む。

アンシェン・ジャンボン・クリュ

**ジャンボン・クリュ、つまり生ハムのおいしさを純粋に味わうシンプルなサンドイッチ。
たっぷりぬったバターのまろやかさとトマトの酸味がアクセント**

PAUL六本木一丁目店

材料
バゲット（24cm×4.5cm×3.5cm）　1本
グリーンリーフ　1枚
トマト（スライス）　3枚
生ハム　1枚
バター　適量

1　バゲットに横から切り込みを入れる（切り離さない）。
2　切り込みを広げ、下面にのみ、パンの気泡を埋めるようにバターをたっぷりとぬる。
3　グリーンリーフをのせ、トマトを並べる。
4　生ハムを挟み込み、パンを閉じる。

プロシュート チャバタサンド

生ハム本来の味を楽しむため、組み合わせる食材はできるだけシンプルに。
ルーコラとパルミジャーノチーズは王道だからこそ、たっぷり使ってリッチな仕上がりにしたい

DEAN & DELUCA

材料
チャバッタ（12cm×12cm×8cm）　1個
ルーコラ　適量
生ハム　1枚
パルミジャーノチーズ　大さじ½
黒コショウ　適量
オリーブ油　適量

1　チャバッタに横から切り込みを入れる（切り離さない）。切り込みを開いてオリーブ油をぬる。
2　ルーコラを敷き、生ハム、ルーコラの順で重ねる。パルミジャーノチーズと黒コショウふり、パンを閉じる。

生ハムサンド

Zopfのオリジナル食パン「Z酵母食パン」でつくるサンドイッチ。
生ハムと一緒に挟む自家製のセミドライトマトが味のポイント

Zopf

材料
食パン（16cm×13cm×1.3cm）　2枚
ミックスペースト　大さじ1
マスタード　少量
生ハム　3枚
グリーンリーフ　2枚
紫タマネギ（スライス）　1枚
セミドライトマト　中さじ1

＊食パンはZopfのオリジナル酵母「Z酵母」を使ったもの。どっしりと重めの生地で、マイルドな香りとソフトな焼き上がりが特徴。
＊ミックスペーストは23ページ参照。
＊ドライトマトはプティトマトのヘタを取り、4等分する。皮面を下にして天板に並べ、110〜120℃のオーブンに入れて1〜2時間乾かすように加熱する（店ではパンを焼いた後のオーブンの余熱を利用）。塩、コショウ、ニンニクのすりおろしを加えて下味をつけたオリーブ油に、トマトと少量の揚げタマネギを入れて漬ける。

1　ミックスペーストとマスタードを混ぜ合わせ、食パン2枚の片面にぬる。
2　1枚の食パンに生ハムを敷き、その上にグリーンリーフを広げる。紫タマネギをのせ、セミドライトマトを散らし、もう1枚のパンで挟む。

ハム・ポーク・ビーフ

生ハムとルーコラのクルミバトン

生ハムとルーコラという定番の組み合わせに、パプリカとトマトの
濃厚なソースを合わせてアクセントに。バトン型のパンの形も美しい1品

ブランジュリ タケウチ

材料
クルミパン（30cm×4.5cm×4.5cm）　1本
パプリカとトマトのソース　大さじ2
パルミジャーノチーズ　適量
ルーコラ　12枚
生ハム　1枚
オリーブ油　適量
黒コショウ　適量

＊パンは、クルミ入りの生地をバトン型に入れて焼いたもの。
＊パプリカとトマトのソースは、赤ピーマンとトマト（同量ずつ）、バジル、少量のニンニク、松の実をフードプロセッサーにかけ、オリーブ油を少量ずつ加えて乳化させたもの。塩、少量の砂糖で調味する。

1　クルミパンを横から2枚に切り分ける。下になるパンの断面にパプリカとトマトのソースを薄くぬる。
2　パルミジャーノチーズを軽くふり、250℃のオーブンで2分間ほど焼く。
3　焼いたパンに、ルーコラを一定方向に並べる。
4　生ハムを二つ折りにしてパンにのせ、オリーブ油をふる。
5　パルミジャーノチーズと黒コショウをふり、上になるパンをかぶせる。

胚芽の丸いパンのイベリコチョリソサンド

ピリッと辛いイベリコ豚のチョリソをクリームチーズが和らげる。
小ぶりでつまみやすく、白ワインなどアルコールにもよく合うサンドイッチ

ブランジュリ タケウチ

材料
胚芽パン（8cm×8cm×8cm）　1個
クリームチーズ　大さじ1
チョリソ（スライス）　3枚
コルニション　1本

＊チョリソはイベリコ豚のものを使用。

1　丸型に焼いた胚芽のパンを、横から2枚に切り分ける。
2　下になるパンにクリームチーズをぬる。
3　チョリソのスライスを並べ、縦半分に切ったコルニションをのせる。
4　上になるパンで挟む。

リンゴとローストポークのサンド

自家製ローストポークとリンゴのソテーの組み合わせ。リンゴの甘酸っぱさが、豚肉とよく合う。
リンゴを焼き過ぎず、シャキッと仕上げるのがポイント。隠し味のレモン汁で爽やかに

Zopf

材料
食パン（13cm×13cm×1.6cm）　2枚
グリーンリーフ　1枚
ローストポーク（スライス）　60g
リンゴのソテー　35g
マーガリン　適量
黒コショウ　適量

＊ローストポークは、バットにざく切りにしたタマネギ、ニンジン、セロリの葉を敷き、タコ糸で縛った豚肩ロース肉の塊をのせる。約230℃のオーブンに入れ、30分間加熱する。そのまま15分間ほどおいてから取り出し、タオルをかけてねかせてからスライスする。
＊リンゴのソテーは、リンゴの皮をむかずに、ひと口大にスライスする。熱したバターでソテーし、白ワインをかけてフランベする。仕上げに、少量のレモン汁をかける。時間が経つと皮の赤い色が落ちるので、毎日仕込む。

1　食パン2枚の片面にマーガリンをぬる。
2　1枚の食パンにグリーンリーフを敷く。
3　ローストポークを少しずつ重なるように広げて黒コショウをふる。
4　リンゴのソテーをのせて黒コショウをふる。切った時に断面が見えるように、方向を揃えて並べる。
5　残りの食パンで挟む。

ボローニャ

合挽き肉を1時間半ほどかけて煮込んだラグー入りのサンドイッチは、
ボリュームたっぷりでランチに最適。ラグーにはしっかり味を含ませるのがポイント

ベターデイズ

材料
パン（11.5cm×10.5cm×4cm）　1個
サニーレタス　1枚
合挽き肉のラグー　100g
トマト（スライス）　3枚

＊パンは27ページ参照。
＊ラグーはニンニク1かけ（みじん切り）とオリーブ油を合わせて火にかけ、タマネギ（みじん切り）1個をよく炒める。合挽き肉（牛と豚同量ずつ）1kg、トマト（角切り）200gを加えて炒め、スーゴ・ディ・カルネ（肉や野菜でとっただし）を浸すくらい注いで、塩、コショウ、ローリエを入れて1時間半煮込む。作ってから1人分（100g）ずつ小分けにし、冷凍保存する。

1　パンを常温で解凍し、横から2枚に切り分ける。
2　1枚のパンにサニーレタスを敷き、ラグーをのせて広げる。
3　トマトをのせる。
4　残りのパンで挟み、200℃に熱したパニーニ用グリラーで30秒ほどプレスして焼き、半分に切り分ける。

ローストビーフ

ジューシーな自家製ローストビーフを、表面をさっと温めて挟んだサンドイッチ。ローストビーフは毎朝仕込み、作りたてを使っている

ファンゴー

材料
グラハムパン（12cm×12cm×5cm）　1個
グリーンカール　2枚
トマト（スライス）　3枚
タマネギ（スライス）　適量
ローストビーフ（スライス）　3枚
バター　大さじ1
マヨネーズ　適量
粒マスタード　小さじ1

＊トマトは5mm厚さの半月形に切る。
＊ローストビーフは1kgの牛ロース肉の塊に塩、コショウをすり込み、タコ糸で縛る。表面に焼き目をつけ、ニンジン、タマネギ、セロリなどの香味野菜とともに、230℃のオーブンで15分間、その後180℃で30分間ローストしたもの。厚さ5mmにスライスする。

1　グラハムパンを横から2枚に切り、切り口にバターをぬる。
2　1枚のパンにマヨネーズをぬり、グリーンカール2枚を重ねて敷く。
3　トマト、タマネギをのせ、ローストビーフを少しずらして重ねる。
4　残りのパンにマヨネーズと粒マスタードをぬり、3に重ねる。半分に切る。

STEAK&ROASTED MASHED POTATOS

大きなリブロースステーキを1枚使った、ボリュームたっぷりの1品。
ステーキは2等分し、少し重ねてパンと大きさを合わせ、よりボリューム感を強調する

ベイカーバウンス

材料
食パン（15cm×15cm×0.5cm）　2枚
マッシュポテト　スプーン1すくい
タマネギ（スライス）　2枚
リブロースステーキ　100g
レタス　1枚
バター　適量

＊マッシュポテトは蒸したジャガイモの皮をむき、塩、コショウ、バターを加えてつぶすように混ぜる。

1　リブロースのスライスに塩とコショウをふり、網焼きにする。
2　タマネギをスライスし、焼き目がつく程度まで網焼きする。
3　マッシュポテトを鉄板にのせ、温める。
4　食パンを鉄板でトーストし、それぞれ片面にバターをぬる。
5　1枚のパンに温めたマッシュポテトを広げ、タマネギのグリルをのせる。
6　リブロースステーキを半分に切り、タマネギの上にのせる。少し重ねるとボリューム感が出る。
7　レタスをのせ、もう一枚のパンで挟む。楊子を刺してから半分に切る。

ハム・ポーク・ビーフ

定番のサンドイッチ >>> カツサンド　　　　　　　　　　　　　　　　指導：かつ城

特製上ひれかつサンド

柔らかな噛みごたえが特徴的なヒレカツのサンドイッチは、前日の手揉み作業がポイント。それを冷蔵庫で一晩ねかせることで、身が適度に締まり、カツサンドに最適な柔らかさに仕上がる。肉には下味をつけず、特製のソースとタルタルソースで食べる。

材料
食パン（13cm×10cm×1.5cm）　3枚
豚ヒレ肉　3枚（1枚50g）
小麦粉　適量
溶き卵　適量
パン粉　適量
キャベツ（せん切り）　大さじ2
マーガリン　適量
タルタルソース　大さじ2
ソース　大さじ2

＊タルタルソースは、自家製マヨネーズ6kgと市販のマヨネーズ6kgを混ぜたベースに、ピクルス300g、タマネギ4個、ゆで卵12個、赤ピーマン1個、ニンニク1½かけ、パセリ適量をきざんだものと、リンゴのすりおろし¼個分、レモン½個、トマト水煮1個分、白ワイン100ml、牛乳100ml、コンデンスミルク小さじ2、塩、コショウを混ぜたもの。
＊ソースは8種類の市販のソースをブレンドしたベースに、巨峰などの数種のフルーツや、チャツネなどを加えたもの。

1 豚ヒレ肉は、50gずつに切り分ける。繊維の方向が縦になるように置き、肉叩きで叩く。

2 指でスジを意識しながら揉んで柔らかくする。パンの大きさに合わせて形を整える。

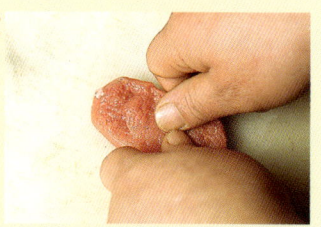

3 多少水分が出るので、ペーパータオルで挟み、冷蔵庫で一晩ねかせる。

4 小麦粉をまぶし、余分な粉を払う。溶き卵にくぐらせ、パン粉をつけて成形する。パンの形に合わせて、角を作るように成形するのがポイント。

5 約170℃の油（サラダ油とラード）に入れて揚げる。衣に適度な色がつき、9割方火が通ったところで取り出す。余分な油をきりながら、余熱で火を通す。

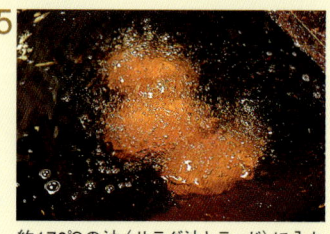

6 食パンの耳を切り落とし、内側になる面にマーガリンをぬる。縦に2等分する。3枚のパンにタルタルソースをぬる。

7 キャベツのせん切りを両手でぐっと押さえてつぶしてから、パンに敷く。

8 ヒレカツの片面にソースをかけ、その面を下にしてパンにのせる。その上からもソースをかけ、もう1枚のパンで挟む。

9 上から軽く押さえて、密着させる。

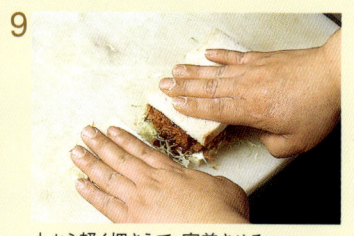

10 縦に2等分し、器に盛る。この時、タルタルソースをぬっていない面は崩れやすいので、その面が外側にならないように重ねて盛りつけると崩れにくい。

ハム・ポーク・ビーフ

特製厚切りろーすサンド

厚切りのロースカツをそのまま挟んだサンドイッチ。脂身の多いロース肉には
シャキッとしたキャベツが合うため、キャベツをのせたら手でつぶさないこと

かつ城

材料
食パン（13cm×10cm×1.5cm）　2枚
豚ロース肉　1枚（約130g）
小麦粉　適量
溶き卵　適量
パン粉　適量
キャベツ（せん切り）　大さじ2
マーガリン　適量
タルタルソース　大さじ1
ソース　大さじ2

＊タルタルソースは60ページ参照。
＊ソースは60ページ参照。

1　豚ロース肉は、前の晩に包丁でスジを切る（とくに、身と脂の間のスジは固いので注意）。指で肉を揉んで柔らかくする。

2　小麦粉、溶き卵、パン粉の順に衣をつけ、170℃の油で揚げる。8分程度火が入ったら取り出し、余分な油をきり、余熱で火を通す。

3　食パンの耳を切り落とし、色づかない程度にトーストする。1枚のパンの片面にマーガリンをぬり、タルタルソースもぬる。キャベツはシャキシャキ感が失われるので揉まず、切ったままのせる。

4　ロースカツの片面にソースをかけ、この面を下にしてキャベツにのせる。裏面にもソースをかけ、残りのパンで挟む。

5　3等分に切り分けて器に盛る。

KATSU SANDWICH

薄切り豚ロース肉を揚げたカツは、2枚重ねてボリュームも申し分ないサンドイッチに。
挽き肉を使う特製のトンカツソースは、肉の旨みを凝縮した存在感があり、カツとの相性もよい

ベイカーバウンス

材料
食パン（15cm×15cm×0.5cm）　2枚
グリュイエールチーズ　3枚
トンカツソース　大さじ2
ロースカツ　2枚
キャベツ（せん切り）　適量
トマト（スライス）　2枚

＊トンカツソースは、合挽き肉を油で炒め、ホールトマトを崩しながら加える。塩とコショウで味をととのえ、水気がなくなるまで煮詰める。粗熱をとってから冷蔵庫で保存しておく。
＊ロースカツは、豚ロース肉のスライス（厚さ2〜3mm）に、小麦粉、溶き卵、パン粉をまぶし、油で揚げたもの。
＊キャベツはせん切りにし、マヨネーズで和える。
＊トマトは厚さ5mmにスライスする。

1　トンカツソースを鉄板にのせて、ほぐしながら温める。
2　食パンを2枚とも鉄板でトーストする。そのうち1枚の片面にバターをぬり、グリュイエールチーズをのせて温める。
3　2にトンカツソースをかけ、ロースカツをのせる。
4　キャベツとトマトを重ね、残りの食パンにバターをぬって挟む。楊子を刺してから2等分に切り分ける。

チキンかつサンド

鶏モモ肉は、皮に穴を開けて噛み切りやすくし、サンドイッチとして食べやすく仕立てる。
タルタルソースをたっぷりとつけるのがおいしく仕上げるポイント

かつ城

材料
食パン（13cm×10cm×1.5cm）　2枚
鶏モモ肉　1枚
小麦粉　適量
溶き卵　適量
パン粉　適量
キャベツ（せん切り）　大さじ2
マーガリン　適量
タルタルソース　大さじ2
ソース　大さじ1

＊タルタルソースは60ページ参照。
＊ソースは60ページ参照。

1　チキンカツを作る。鶏モモ肉は、余分な脂を取り除き、スジを切る。包丁の刃元を使って、皮に数ヵ所穴を開けておく。
2　小麦粉、溶き卵、パン粉の順に衣をつけ、170℃の油で揚げる。しっかり揚がったら、余分な油をきる。
3　食パンの耳を切り落とす。パンを色づかない程度にトーストし、2枚とも片面にマーガリンをぬる。そのうち1枚にタルタルソースをぬり、キャベツのせん切りを敷く。
4　チキンカツの片面にソースをかけ、この面を下にしてキャベツにのせる。反対側にもソースをかけ、もう1枚のパンで挟む。3等分に切り分ける。

えび板かつサンド

エビフライは切らずに、長方形に切ったパンで挟んだユニークな形状のサンドイッチ。
イメージはエビフライのホットドッグ。パン粉をつけた時の成形がポイントだ

かつ城

材料
食パン（13cm×10cm×1.5cm）　2枚
エビ　2尾
小麦粉　適量
溶き卵　適量
パン粉　適量
タマネギ（スライス）　2枚分
パセリ（みじん切り）　少量
マーガリン　適量
タルタルソース　大さじ2
ソース　大さじ1

＊タルタルソースは60ページ参照。
＊ソースは60ページ参照。

1　エビは殻をむいて背ワタを取り、腹側に斜めの切り込みを入れる。
2　小麦粉、溶き卵、パン粉の順に衣をつける。パンに挟みやすいよう、軽くつぶす。170℃の油で揚げる。しっかり揚げ、余分な油をきっておく。
3　食パンの耳を切り落とし、縦に2等分する。色づかない程度にトーストする。2枚とも片面にマーガリンをぬり、その上にタルタルソースをぬる。
4　そのうち2切れにタマネギとパセリを散らす。エビフライの片側にソースをかけ、その面を下にしてパンにのせる。反対側にもソースをかけ、残りのパン2切れで挟む。

ハムカツレツ

昔懐しいハムカツはロースハムを2枚重ねて揚げ、ドミグラスソースで洋風に仕立てた。
キャベツはあえてザックリと切り、キャベツの風味を強調する

プレイス イン ザ サン

材料
山型食パン（15cm×11cm×1.5cm）　2枚
ロースハム（スライス）　4枚
小麦粉　適量
牛乳入り溶き卵　適量
生パン粉　適量
キャベツ（短冊切り）　適量
タルタルソース　大さじ1
ドミグラスソース　小さじ2
バター　適量
マスタード　小さじ1½〜2

＊タルタルソースは18ページ参照。

1　ハムカツレツを作る。ロースハムを2枚重ね、小麦粉をまぶす。溶き卵に牛乳を加え、ロースハムをくぐらせて、生パン粉をつける。180℃の油でキツネ色に揚げ、油をきっておく。
2　食パン2枚の片面に少量のバターをぬり、両面を鉄板で焼く。
3　バターをつけた面にそれぞれタルタルソースをぬる。そのうち1枚にキャベツを敷き、マスタードをぬり、ハムカツレツを2個並べる。
4　カツにドミグラスソースをぬり、もう1枚の食パンをのせる。
5　パンを軽く押して形を落ち着かせ、半分に切る。

チキン・卵

chicken+egg

ローストチキンにテリヤキチキン。
おなじみの鶏料理を使ったサンドイッチは、
いずれも人気が高い。
淡白な鶏肉は合わせる具材を選ばず、使いやすい素材。
みんな大好きな卵を使ったサンドイッチとともに紹介する。

シーザーチキン

焼きたてのふっくらしたチキンを使うのがポイント。
シーザーソースは、チキンのかわりにビーフステーキを使ってもおいしい

ホームワークス

材料
グラハムパン（16cm×11cm×1.5cm） 2枚
ロメインレタス　3枚
鶏胸肉（そぎ切り）　150g
シーザーソース　大さじ3
バター　適量
塩、コショウ　各適量

＊シーザーソースは米酢100mlに砂糖小さじ1を溶かし、ちぎったアンチョビーまたはアンチョビーペーストを適量加える。マヨネーズ100mlと合わせ、パルミジャーノチーズをたっぷり加え、黒コショウ少量で味をととのえたもの。

1　グラハムパンは2枚とも片面のみ鉄板で焼く。
2　鶏胸肉に塩、コショウをふり、熱した鉄板にバターを溶かしてから焼く。蓋をして蒸し焼きにする。
3　グラハムパンの焼いていない面にロメインレタスを敷く。
4　鶏のソテーを並べ、シーザーソースをかける。
5　残りのグラハムパンを、焼いた面を上に向けてのせる。軽く押さえて落ち着かせ、半分に切る。

サマセット

**中に挟んだチェダーチーズはトロトロには溶かさず、
少しだけ溶けてチキンにからまるくらいの状態がおいしい**

ベターデイズ

材料
フォカッチャ（13.5cm×9cm×3.5cm）　1個
チプリアーニソース　大さじ1½
サニーレタス　1枚
カレー風味のチキン　50g
トマト（スライス）　3枚
チェダーチーズ（スライス）　15g

*フォカッチャは46ページ参照。
*チプリアーニソースは46ページ参照。
*カレー風味のチキンは鶏胸肉を蒸し、皮を除いて細くほぐす。チプリアーニソースに好みの量のカレー粉を加えてよく混ぜ、鶏肉を和える。

1　フォカッチャを常温で解凍し、横から2枚に切り分ける。
2　それぞれの切り口にチプリアーニソースをぬる。
3　下になるパンにサニーレタスをのせ、カレー風味のチキンを並べる。
4　トマトを並べ、重ならないようにチェダーチーズをのせる。
5　残りのフォカッチャで挟み、200℃に熱したパニーニ用のグリラーで30秒ほどプレスして焼く。食べやすいよう半分に切り分ける。

タンドリーチキンとパプリカのマリネ

自家製のタレに一晩漬けたタンドリーチキンのスパイシーな香りと味が主役。
チキンには提供時に鉄板で焼き目をつけることで、刺激的な香りが立ち上がってくる

プレイス イン ザ サン

材料
山型食パン（15cm×11cm×1.5cm）　2枚
タンドリーチキン　6切れ
タマネギとトマトのソテー　大さじ1½
クレソン　2本
赤ピーマンのマリネ　⅙個分
バター　少量

＊タンドリーチキンは鶏モモ肉をひと口大に切り、塩とレモン汁で揉み込む。ヨーグルトにターメリック、コリアンダー、クミン、おろしたニンニクとショウガを入れてよく混ぜ、モモ肉を漬ける。冷蔵庫で一晩おき、オーブンで肉に火を通す。
＊タマネギとトマトのソテーは、タマネギとトマトをみじん切りにし、じっくり炒めたもの。塩、ターメリック、コリアンダー、クミン、カイエンヌペッパー、おろしたニンニクで味をつける。
＊赤ピーマンのマリネは、赤ピーマンを焦げるまでグリルして薄皮をむき、白ワインと米酢を加えたオリーブ油に漬けたもの。

1　食パン2枚の片面に、少量のバターをぬって両面を鉄板で焼く。
2　タンドリーチキンを鉄板で焼き目がつくよう香ばしく焼き、1枚のパンに並べる。
3　タマネギとトマトのソテーをまんべんなく広げる。
4　クレソン、赤ピーマンのマリネをのせ、もう1枚のパンをのせる。
5　軽くパンを押して形を落ち着かせ、半分に切る。

ハーブローストチキン バゲットサンド

**ハーブの香りをきかせてしっとり焼き上げたローストチキンに、
ラタトゥイユをプラスして、ボリューム感たっぷりのサンドイッチに**

DEAN & DELUCA

材料
ソフトバゲット（18cm×6cm×6cm）　1個
ハーブローストチキン（スライス）　3枚
ラタトゥイユ　大さじ2
エンダイブ　適量

＊ハーブローストチキンは、大山地鶏の胸肉に塩を揉み込み、一晩ねかせる。数種類のハーブをブレンドしたものを皮にぬり、低温のオーブンでじっくり焼き上げる。
＊ラタトゥイユは、赤と黄色のピーマンと、ズッキーニをひと口大に切り、オリーブ油でソテーする。トマトソース、エルブ・ド・プロヴァンス、タイム、バジルなどを加え、柔らかくなるまで煮込む。

1　ソフトバゲットを横から切り込みを入れる（切り離さない）。
2　切り込みを開き、ハーブローストチキンを並べ、その上にラタトゥイユを盛る。エンダイブを挟み込み、パンを閉じる。

アンシェン・パヴォ・プーレ

鶏肉はピーマンやグリーンペッパー、ハーブなどでマリネし、柔らかく
焼き上げる。バゲットにはケシの実（パヴォ）をまぶして香ばしさをプラスした

PAUL六本木一丁目店

材料
バゲット（24cm×4.5cm×3.5cm）　1本
グリーンリーフ　1枚
トマト（スライス）　3枚
ハーブ風味の鶏肉（スライス）　3枚
バター　適量

＊バゲットは表面にケシの実をふって焼いたもの。
＊ハーブ風味の鶏肉は、鶏モモ肉を塩、赤・緑ピーマン、粒マスタード、グリーンペッパー、数種類のハーブで漬け込んでから焼いたもの。厚さ8mmにスライスする。

1　バゲットに横から切り込みを入れる（切り離さない）。
2　切り込みを広げ、下の面にのみ、パンの気泡を埋めるようにバターをたっぷりとぬる。
3　グリーンリーフをのせ、トマトを並べる。
4　ハーブ風味の鶏肉を並べ、バゲットを閉じる。

イルサンド

**スモークチキン、ナス、シイタケ、サムソーチーズ、ドライトマトという意外な組み合わせ。
ドレッシングはパンにかけて、しっとりしたところを味わう**

BAGEL

材料
リュスティック（13cm×11cm×6cm）　1個
ドレッシング　大さじ2
セミドライトマト　3個
ナスのソテー　1本分
スモークチキン（市販）　50g
シイタケのソテー　1～2個分
サムソーチーズ（スライス）　2枚
バター　適量
マヨネーズ　小さじ1

*ドレッシングは市販のノンオイルタイプを使用。
*セミドライトマトはプティトマトを半分に切り、塩をふって150℃のオーブンで1時間乾燥させる。
*ナスは縦にスライスし、オリーブ油でソテーする。
*シイタケのソテーは、シイタケをスライスし、オリーブ油でソテーして塩、コショウで調味する。
*サムソーチーズはオランダ産のセミハードタイプのチーズ。

1　パンに横から切り込みを入れる（切り離さない）。
2　切り込みを開き、両面にバターをぬる。ドレッシングをかける。
3　セミドライトマトをのせ、ナスのソテーを並べる。
4　スモークチキンを重ね、マヨネーズをぬる。
5　シイタケのソテーを並べてサムソーチーズをのせ、パンを閉じる。

若鶏のコンフィ

鶏のコンフィ、ジャガイモとキノコのソテーなどを挟んだボリュームのあるサンドイッチ。
カリカリに焼いた鶏の皮がおいしさのポイント

ムッシュ ソレイユ

材料
ドッグパン（15cm×6cm×5cm）　1本
ジャガイモとキノコのソテー　100g
鶏のコンフィ　2切れ
インゲンのソテー　3本

＊パンはフォカッチャの生地をドッグ型に焼き、焼き目をつけたもの。
＊ジャガイモとキノコのソテー。ジャガイモの角切り（½個分）を多めのバターで、コンフィの感覚で火を入れる。塩、コショウ、ニンニクで調味し、色づいてきたらベーコン1枚を加えて仕上げる。キノコはマイタケ、シイタケ、シメジ、エノキなどを使用（25g）。オリーブ油で水分を抜くようにカリカリに炒め、塩、コショウをする。ニンニクのオイル漬けをからめて仕上げる。ジャガイモのコンフィと合わせ、パセリを混ぜる。
＊鶏モモ肉は塩、コショウして90℃前後の油で柔らかく煮てコンフィとする。弱火のフライパンで皮目からじっくり焼き、カリカリになったら裏返して両面焼く。
＊インゲンは塩ゆでし、バターでソテーする。

1　パンに縦に切り込みを入れる（切り離さない）。
2　切り込みを開き、ジャガイモとキノコのソテーを敷き詰める。
3　骨をはずした鶏のコンフィを置き、インゲンのソテーを挟み込む。

チキンコンフィのドックサンド

鶏肉はコンフィにすることでしっとり柔らかくなり、サンドイッチにしても食べやすい。甘めのマスタードと
自家製のニンジンのピクルスで甘酸っぱさをプラスし、あっさり仕上げた

Zopf

材料
ドッグパン（20cm×5cm×6cm）　1本
グリーンサラダ　適量
鶏のコンフィ　3個（1個約15g）
ニンジンのピクルス　3枚
レモン（スライス）　1枚
ハニーマスタード　大さじ1
マーガリン　適量

＊パンは自家製粉した石臼挽きの粉を使用したもの。豊かな風味が特徴。
＊グリーンサラダはエンダイブとトレヴィスを混ぜたもの。
＊鶏のコンフィは、鶏モモ肉を食べやすく切り、塩、タイム、ニンニク、黒コショウをすり込み、一晩おく。塩やハーブを取り除いて鍋に入れ、90℃のオリーブ油で1時間半煮る。
＊ニンジンのピクルスは、ニンジンのスライスを塩分10％の食塩水に1時間漬け、水気をふきとってピクルス液に2～3日漬ける。ピクルス液は、酢500㎖、白ワイン100㎖、水400㎖、トウガラシ1本、塩小さじ1½、砂糖170g、クローヴ8本、ローリエ2枚、グリーンペッパー大さじ1をひと煮立ちさせてから冷ましたもの。
＊ハニーマスタードはハチミツと粒マスタードを混ぜ合わせたもの。

1　パンに切り込みを入れ、中にマーガリンをぬる。
2　グリーンサラダを敷き、鶏のコンフィを並べる。ニンジンのピクルスとレモンを挿し込み、鶏のコンフィにハニーマスタードをぬる。

サルサチキンのラップ

栄養価の高い全粒粉を配合したラップ用のパンは、香りも豊か。
オリジナルのサルサソースにはチリペッパーを加えて辛めに仕上げている

Zopf

材料
ラップ用パン（20cm×20cm×0.2cm）　1枚
ミックスペースト　大さじ1
グリーンリーフ　2枚
サルサチキン　150g
3色豆　約15粒

＊ラップ用パンには石臼で自家製粉した全粒粉を使用。
＊ミックスペーストは23ページ参照。
＊サルサチキンの作り方。鶏モモ肉500gをひと口大に切り、塩とコショウで下味をつける。サラダ油で炒め、火が通ったら、タマネギのみじん切り1/2個、5mm角に切った赤・黄ピーマン各1/4個分とセロリ1/4本分、みじん切りのニンニク1かけを加える。白ワイン30mlを回しかけ、砂糖小さじ1、コンソメ（粉末）小さじ1/3、細かくきざんだ赤トウガラシ1本を加えて中火で煮込む。水分がなくなったら、サルサソース50ml、ケチャップ大さじ1、パプリカ（粉末）小さじ1を加え、水分がとぶまで炒める。仕上げに揚げタマネギ20gを加える。
＊3色豆は枝豆、白インゲン豆、キドニービーンズを合わせたもの。

1　ラップ用のパンを広げ、端から3cm分を除いてミックスペーストをぬる。
2　グリーンリーフを1枚置く。サルサチキンと下ゆでした3色豆をのせ、残りのグリーンリーフをのせる。
3　パンの手前部分を一部折り込み、左右から挟むように包み込む。

照焼きチキン

甘辛く味つけたテリヤキチキンは日本人の大好物。野菜をたっぷり合わせてしつこさを和らげる。
仕込んでおいたチキンは提供時に温めて柔らかさをもどしてから挟む

ファンゴー

材料
グラハムパン（12cm×12cm×5cm）　1個
グリーンカール　2枚
トマト（スライス）　3枚
タマネギ（スライス）　適量
テリヤキチキン　1枚（65g）
バター　大さじ1

＊トマトは厚さ5mmの半月形に切る。
＊テリヤキチキンは65gに切った鶏モモ肉を平らに切り開き、長方形に整える。両面を焼き、仕上げにテリヤキのタレをからめる。タレは、濃口醤油にミリン、酒、砂糖、ハチミツを加えて甘辛く味をととのえたもの。

1　グラハムパンを横から2枚に切り、切り口にバターをぬる。鉄板にのせ、蓋をしてバターをぬった面のみを焼く。
2　1枚のパンにグリーンカール2枚を重ねて敷く。
3　トマト、タマネギをのせ、温めたテリヤキチキンを重ねる。
4　残りのパンをかぶせ、半分に切る。

チキン・卵

テリヤキチキン

甘めのソースをからめたテリヤキチキンをたっぷり挟んだサンドイッチ。
キュウリと紫タマネギのシャキシャキ感がアクセント

JUNOESQUE BAGEL自由が丘店

材料
ベーグル（10cm×10cm×3cm）　1個
レタス　2〜3枚
キュウリ（スライス）　3枚
テリヤキチキン　モモ肉1/2枚
紫タマネギ（スライス）　適量
テリヤキソース　大さじ1
マヨネーズ　大さじ1

＊ベーグルはプレーンタイプを使用。
＊テリヤキチキンは、鶏モモ肉を叩き、厚さ1cmに切る。テリヤキソース（市販品）をからめながら焼く。

1　ベーグルを横から2枚に切り分ける。
2　下になるパンにレタスを敷き、マヨネーズをぬる。
3　キュウリのスライスを並べる。
4　テリヤキチキンを並べ、紫タマネギのスライスを散らし、テリヤキソースをかける。
5　残りのパンをのせる。

テリヤキチキン チャバタサンド

和洋折衷の、根強い人気を誇るサンドイッチ。
チャバッタのハード系のパンらしい触感は、しっかりした歯ごたえが特徴の大山地鶏と好相性

DEAN & DELUCA

材料
チャバッタ(12cm×12cm×8cm)　1個
エンダイブ　適量
テリヤキチキン　1枚
紫キャベツのザワークラウト　適量
ブラックペッパーマヨネーズ　小さじ1
オリーブ油　適量

*テリヤキチキンは、大山地鶏のモモ肉を、醤油とミリンを合わせたタレに、一晩漬ける。つけダレをぬりながら鶏肉を焼き、外はパリッと、中はジューシーに仕上げる。
*ザワークラウトは、紫キャベツをせん切りにし、白ワイン酢、タカノツメ、山椒を合わせたマリネ液に漬け込む。
*ブラックペッパーマヨネーズは黒コショウとマヨネーズを混ぜ合わせたもの。

1　チャバッタの横から切り込みを入れる(切り離さない)。切り込みの中にオリーブ油をぬる。
2　エンダイブを敷き、その上にテリヤキチキンを並べる。
3　紫キャベツのザワークラウトを盛り、ブラックペッパーマヨネーズをのせる。パンを閉じる。

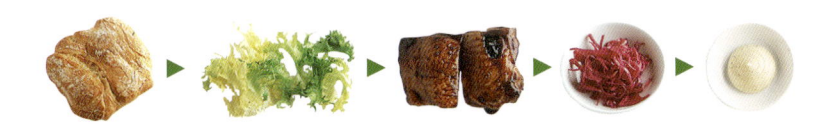

鶏つくねサンド

ショウガや醤油、ミリンなどで味をつけたつくねを挟んだ和風サンドイッチ。
おそうざい風を意識して、ほんのり甘みのあるパンを合わせている

BAGEL

材料
バターロール（6cm×6cm×5cm）　1個
鶏つくね　1個（80g）
大葉ジソ　1枚
マヨネーズ　小さじ1/2

＊鶏つくね（分量は作りやすい量）は、鶏挽き肉500g、みじん切りにした大葉ジソ2把、タマネギ1個、ショウガ適量、卵1個、塩、片栗粉を混ぜ合わせる。丸くとって焼き、仕上げに醤油、砂糖、ミリン、酒を回しかける。

1　バターロールに横から切り込みを入れる（切り離さない）。
2　大葉ジソを敷き、マヨネーズをぬる。
3　鶏つくねをのせ、パンを閉じる。

ヴィエノワ

牛乳のみで練り上げた軽い触感のパン「ヴィエノワ」を使ったサンドイッチ。
ゆで卵の柔らかな触感に合わせて、サラミもソフトタイプを使っている

オーバカナル大崎店

材料
ヴィエノワ（23cm×6cm×5cm）　1本
グリーンカール　1枚
ソフトサラミ（スライス）　4枚
ゆで卵（スライス）　5枚
マヨネーズ　適量
塩　少量
黒コショウ　少量

＊ソフトサラミは柔らかいタイプのサラミ。半月型のスライスにする。
＊ゆで卵は卵を固めにゆで、厚さ5mm程度のスライスにする。

1　ヴィエノワの横から切り込みを入れる（切り離さない）。切り込みを開き、下面にマヨネーズをぬる。
2　グリーンカールを敷いて、ソフトサラミを挟む。
3　かたゆで卵を重ならないように並べ、塩と粗挽き黒コショウをふる。パンを閉じる。

ブリオッシュ・ウフ

柔らかい卵サラダを、柔らかいブリオッシュで挟み込む。
ゆで卵のスライスものせた、卵づくしのサンドイッチ

PAUL六本木一丁目店

材料
ブリオッシュ（20cm×7cm×5cm）　1本
グリーンリーフ　1枚
卵サラダ　40g
トマト（スライス）　4枚
ゆで卵（スライス）　3枚

＊卵サラダは、ゆで卵をみじん切りにし、マヨネーズ、塩、コショウで調味する。柔らかめに仕立てるのがポイント。

1　ブリオッシュに横から切り込みを入れる（切り離さない）。
2　切り込みを開き、グリーンリーフを敷き、卵サラダをのせる。
3　トマトとゆで卵を交互に並べる。
4　ブリオッシュを閉じて挟む。

魚介類

seafood

エビ、ツナ、スモークサーモンが、
シーフードサンドイッチの代表選手。
「アボカド&シュリンプ」や「サーモン&クリームチーズ」
などの定番サンドは、切り方や組み合わせる素材を
工夫してオリジナリティを出したい。

定番のサンドイッチ >>> アボカドとシュリンプのサンドイッチ　　　　　　　　　指導：ファンゴー

シュリンプとアボカド

ゆでたエビとまろやかなアボカドを組み合わせた、非常に人気の高いサンドイッチ。ここで紹介するのは、タマネギとキュウリのピクルスを加えたタルタルソースをたっぷりと使うことで、オリジナリティを持たせた一品。アボカドとエビはそれぞれ少しずつ重ねて並べ、切った時の断面をきれいに仕上げる。

材料
パン（12cm×12cm×5cm）　1個
グリーンカール　2枚
タルタルソース　50g
エビ　4尾
オリーブ油　適量
黒コショウ　少量
アボカド（スライス）　1/4個
バター　大さじ1
マヨネーズ　適量

＊パンは同店で「ホワイトブレッド」と呼ぶもの。食パンよりも素朴でしっかりした触感を持つ、シンプルな配合の丸型パン。
＊タルタルソースはタマネギと、タマネギの半量のキュウリのピクルスを適当に切り、マヨネーズ、オリーブ油、バルサミコ酢、ケチャップ、塩、コショウ、レモンの搾り汁を加えてフードプロセッサーにかける。用途に応じてこのタルタルをマヨネーズでさらにのばすこともある。
＊エビは塩、レモン、白ワイン、ローリエを入れた熱湯でさっとゆでて、殻をむいておく。

1 パンを横から2枚に切り分ける。

2 切った面にそれぞれバターをぬる。バターの上からマヨネーズを薄くぬる。

3 グリーンカールを2枚重ねてパンにのせ、軽く押さえる。デリバリー用の場合は、パンからレタスがはみださないように形を整える。

4 タルタルソースをパンと同じ大きさに広げる。

5 エビを横半分に切り、写真のように並べる。オリーブ油をたらし、コショウをふる。

6 アボカドは種をはずし、4等分のくし形に切る。これをさらに8等分にスライスする。

7 エビの上に、アボカドを均等にずらして並べる。

8 パンで挟み、アボカドを並べた様子がきれいに見えるように2等分する。

魚介類 085

定番のサンドイッチ >>> スモークサーモンとクリームチーズ　　　指導：DEAN & DELUCA

ロックス 十五穀ローフサンド

ねっとりとしたスモークサーモンとまろやかなクリームチーズのサンドイッチは、とくに女性に人気。ここでは自家製のスモークサーモンをたっぷりと挟み、3段重ねにしてボリューム満点の一品に。クリームチーズは、牛乳を加えることでぬりやすくなり、味もまろやかに仕上がる。

材料
パン（40cm×13cm×13cm）　1本
オリーブ油　適量
ジェノバペースト　大さじ3〜4
クリームチーズ　大さじ5〜6
スモークサーモン（スライス）　1/4尾分
ケイパー　適量
紫タマネギ（スライス）　適量

＊ジェノバペーストはバジル、松の実、ニンニク、パルミジャーノチーズ、オリーブ油を合わせ、ミキサーで滑らかにしたもの。
＊クリームチーズは、牛乳を加えて味と固さを調整したものを使用する。
＊スモークサーモンは、サーモン1kgに対して、2％の合わせ塩をすり込む。合わせ塩は、塩8、コショウ1、グラニュー糖1の割合で合わせたもの。密閉容器に入れ、24時間ねかせる。余分な合わせ塩を洗い落とし、冷蔵庫の風が当たる場所に置いて、8〜10時間乾燥させる。その後で、サクラのチップで1時間燻製にする。

1 パンは、生地に麦、ひえ、あわなど、15種類の穀物を混ぜ込んで焼き上げたもの。横から3枚にスライスする。

2 パンを切った断面に、オリーブ油をふりかける。

3 上にジェノバペーストをふりかける。

4 下段と中段になるパンの断面（上側のみ）に、クリームチーズをぬる。

5 クリームチーズをぬった上に、スライスしたスモークサーモンを敷き詰める。

6 上にケイパーを散らし、スライスした紫タマネギを散らす。

7 パンを順に重ねていく。

8 約8cm幅を目安に串を刺し、崩さないように切り分ける。

[コールドカットビーフのサンド]

スモークサーモンの代わりに、ローストビーフを使ったサンドも提供している。3時間かけてじっくり焼いたローストビーフとコルニションを挟み、黒コショウをきかせる。

魚介類 087

アボカド&シュリンプ

アボカドとエビの定番サンドイッチは、ワサビマヨネーズがアクセント。
ワサビをきかせることで、ベーグルのしっかりした味わいとのバランスをとる

JUNOESQUE BAGEL自由が丘店

材料
ベーグル（10cm×10cm×3cm）　1個
サニーレタス　2～3枚
トマト（スライス）　2枚
アボカド（スライス）　6枚
ワサビマヨネーズ　大さじ1
小エビ　5尾
パプリカ（粉末）　ひとつまみ

*ベーグルはプレーンタイプを使用。
*ワサビマヨネーズは、マヨネーズとワサビを混ぜ合わせ、隠し味に醤油を加えたもの。
*小エビは殻をむき、ゆでておく。

1　ベーグルを横から2枚に切り分ける。
2　下になるパンにサニーレタスを敷き、トマトのスライスをのせる。
3　アボカドを少しずつずらして並べ、ワサビマヨネーズをぬる。
4　小エビをのせ、パプリカをふる。
5　上のパンをのせる。

シュリンプ&アボカド クロワッサンサンド

**外側はサクサク、中はモチモチのクロワッサンで、定番のエビとアボカドを挟んだ1品。
ディルの香りをきかせたマヨネーズをたっぷり使い、香り豊かなサンドイッチに仕上げている**

DEAN & DELUCA

材料
クロワッサン（17cm×7cm×6cm） 1個
グリーンカール 1枚
トマト（スライス） 2枚
アボカド 1/8個分
エビ 3尾
ディルマヨネーズ 大さじ1/2
ディル 1枝
レモン汁 少量
塩、コショウ 各適量

＊ディルマヨネーズは、マヨネーズにディルとイタリアンパセリを加えて、ミキサーにかけたもの。

1　エビの殻をむいてゆで、ざっくりと切ったアボカドと混ぜ合わせてレモン汁を加える。塩、コショウで味をつけ、ディルマヨネーズで和える。
2　クロワッサンに横から切り込みを入れる（切り離さない）。
3　切り込みを開き、グリーンカールを敷く。トマトを並べて1のアボカドとエビを盛り、ディルを添える。パンを閉じる。

自家製オイルサーディンとトマトのフォカッチャ・サンド

**オイルサーディンのサンドイッチには、歯ごたえのバランスを考えて
フォカッチャを使用。オイルサーディンはなるべく身の形を残し、食べごたえを強調する**

ハーティー・スープ

材料
フォカッチャ（13cm×13cm×2cm）　1個
サニーレタス　4枚
トマト（スライス）　2枚
オイルサーディン　3本
粒マスタード　適量
黒コショウ　適量

＊サニーレタスは普通のレタスを使ってもよい。
＊オイルサーディンの作り方。イワシの頭と内臓を取り、塩水で洗う。タマネギ、ニンニク、セロリ、パセリ、レモンの皮、ローリエ、黒コショウ、ひたひたの日本酒か白ワイン、水とともに火にかけ、30分間ほど煮てそのまま冷ます。水気を拭き取り、かぶるくらいのオリーブ油に漬けて保存する。サンドイッチには、イワシの大きさによって3〜5本使用する。

1　パンを横から2枚に切り分ける。
2　下になるパンに粒マスタードをぬり、サニーレタスをのせる。
3　トマトを並べる。
4　オイルサーディンをなるべく身の形が崩れないように骨をはずして並べ、黒コショウをふる。
5　上に残りのパンをのせる。

カジキマグロのサルサソース添え

**カジキマグロはグリルパンで焼き目をつけて仕上げるのがポイント。
調味料が焼けた香ばしさが際立つ、ボリュームのあるサンドイッチ**

プレイス イン ザ サン

材料
山型食パン（15cm×11cm×1.5cm）　2枚
タルタルソース　大さじ1
サニーレタス　1枚
カジキマグロのグリル　1枚（130g）
サルサソース　大さじ1強
バター　適量

＊タルタルソースは18ページ参照。
＊カジキマグロのグリル。カジキマグロを130gの切り身にし、醤油と米酢を加えたオリーブ油に1時間漬ける。提供時にグリルパンで焼き目をつけるように焼く。
＊サルサソース。オリーブ油を熱し、トウガラシを入れ、さいの目に切ったタマネギ、赤ピーマンを加えて炒め、塩で味をととのえたもの。

1　食パン2枚の片面に少量のバターをぬり、両面を鉄板で焼く。
2　バターをぬった面にそれぞれタルタルソースをぬる。
3　そのうち1枚に、サニーレタスをパンの大きさに合わせて折り込んでのせる。
4　カジキマグロのグリルをのせ、サルサソースをぬる。
5　残りのパンを重ね、軽く押して落ち着かせる。半分に切る。

海のラップ

ぷりぷりのエビとマグロのフレークを、エビチリのソースで和えてたっぷり挟んだラップサンド。
汁気の多い具なので、こぼれないよう、ラップの包み方に注意したい

Zopf

材料
ラップ用パン（20cm×20cm×0.2cm）　1枚
ミックスペースト　大さじ1
グリーンリーフ　2枚
エビとツナフレークのエビチリ和え　150g
ピーマン（赤・黄）　各10切れ

＊ミックスペーストは23ページ参照。
＊エビとツナフレークのエビチリ和え（分量は作りやすい量）。エビ600gは殻をむき、塩ゆでする。ツナフレーク100gは、しっかり油をきり、食べやすくほぐす。フライパンでエビとツナを炒め合わせ、エビチリソース（市販品）をからめる。

1　ラップ用のパンを広げ、ミックスペーストをぬる。端から3cmの部分はぬらない。
2　グリーンリーフを1枚のせる。エビとツナフレークのエビチリ和えと、小角に切り揃えた赤・黄パプリカをのせ、残りのグリーンリーフをかぶせる。
3　パンの手前部分を一部折り込み、左右から挟むように包み込む。

サラダ・フリュイ・ド・メール

ホタテ、イカ、エビなど魚介類のグリルを挟んだ「海のサンドイッチ」は
食べごたえ満点。トマト、スナップエンドウなど目にも鮮やかな1品

ムッシュ ソレイユ

材料
ドッグパン（15cm×6cm×5cm）　1本
サニーレタス　適量
魚介類のグリル　下記*の分量全部
プティトマト　2個
スナップエンドウ　1〜2本
セルフイユ　適量

*パンは74ページ参照。
*魚介類（ホタテ貝柱1個、タコの足1切れ、小エビ2尾、イカ2切れ）は塩、コショウしてグリルし、ニンニク風味のドレッシングで一晩マリネする。
*スナップエンドウは塩ゆでする。

1　ドッグパンに縦に切り込みを入れる（切り離さない）。
2　切り込みを開き、サニーレタスを敷き、魚介類のグリルをバランスよく並べる。
3　魚介類の間に適宜に切ったプティトマトとスナップエンドウを置く。
4　セルフイユを飾り、パンを閉じる。

サラダツナ

ツナサラダとアボカドを組み合わせたボリューム満点のサンドイッチ。
アボカドの下にぬったワサビマヨネーズが味のアクセント

JUNOESQUE BAGEL自由が丘店

材料
ベーグル（10cm×10cm×3cm）　1個
レタス　2枚
ワサビマヨネーズ　大さじ1強
アボカド（スライス）　1/3個分
キュウリ（スライス）　3枚
ツナサラダ　40g
パプリカ（粉末）　適量

＊ベーグルはプレーンタイプを使用。
＊ワサビマヨネーズは88ページ参照。
＊ツナサラダは油漬けのツナにタマネギのみじん切り、ゆでたジャガイモを混ぜたもの。

1　ベーグルを横から2枚に切り分ける。
2　下になるパンにレタスを敷き、ワサビマヨネーズをぬる。
3　アボカドのスライス（厚さ5mm）をパンからあまりはみ出ないように並べ、キュウリのスライス（厚さ3mm）ものせる。
4　ツナサラダをこんもりとのせ、パプリカをふる。
5　上になるパンで挟む。

ブリオッシュ・トン

風味豊かなオリジナルドレッシングで和えたツナサラダを、自家製酵母を使ったコクのあるブリオッシュで挟んだサンドイッチ

PAUL六本木一丁目店

材料
ブリオッシュ（20cm×7cm×5cm）　1本
グリーンリーフ　1枚
ツナサラダ　80g

＊ツナサラダは、ツナに黒オリーブ（塩水漬け）を半分に切ったもの、トマトの角切り、パセリのみじん切りを混ぜ合わせ、オリジナルのドレッシング（オリーブ油、エシャロット、赤ワイン酢、ドライトマトなどを混ぜ合わせたもの）で和えたもの。

1　ブリオッシュに横から切り込みを入れる（切り離さない）。
2　グリーンリーフを敷き、ツナサラダをのせる。
3　パンを閉じる。

ツナとアボカドのライ麦パンサンド

**ツナとアボカドの濃厚な味わいに、セロリの葉のシャキシャキ感と
ライ麦パンの酸味がぴったりの1品**

ハーティー・スープ

材料
ライ麦パン（13cm×7cm×1.2cm）　2枚
アボカド（スライス）　7〜8枚
ツナサラダ　大さじ5
セロリの葉　ふたつまみ
サニーレタス　2枚
バター　適量

＊アボカドは厚さ6mmにスライスする。
＊ツナサラダは、ツナ大さじ4にマヨネーズ大さじ2、ニンニクのすりおろし2かけ分を混ぜ合わせたもの。
＊セロリの葉の部分は細切りにする。
＊サニーレタスは普通のレタスを使ってもよい。

1　ライ麦パン1枚にバターをぬり、アボカドのスライスを一面に敷き詰める。
2　ツナサラダをのせ、セロリの葉をたっぷり盛る。
3　サニーレタスをふんわりとのせ、残りのパンにバターをぬって重ねる。

ファルーシュ・サーモン

「ファルーシュ」は浅めに焼き上げた柔らかいパン。
そのシンプルな味わいが、スモークサーモンの風味を引き立てる

PAUL六本木一丁目店

材料
ファルーシュ（14cm×14cm×3cm）　1枚
クリームチーズ　大さじ1強
グリーンリーフ　1枚
スモークサーモン（スライス）　3枚
キュウリ（スライス）　3枚
バター　適量

*ファルーシュは49ページ参照。

1　ファルーシュを横から2枚に切り分ける。
2　下になるパンの断面にバターをぬり、クリームチーズをぬる。
3　グリーンリーフをのせ、スモークサーモンを並べる。キュウリをのせ、残りのパンで挟む。

魚介類

クリームチーズとスモークサーモンのサンドイッチ、ピクルス添え

ピクルスをアクセントとしてきかせたサンドイッチ。
辛みが少なく色合いのきれいな紫タマネギを使い、食べやすく仕立てた

BAGEL

材料
ベーグル（11cm×11cm×5cm）　1個
クリームチーズ　大さじ2
ピクルス（スライス）　3枚
紫タマネギ（スライス）　適量
サニーレタス　2〜3枚
スモークサーモン（スライス）　1枚

＊紫タマネギはスライスして水にさらしておく。

1　ベーグルを横から2枚に切り分ける。
2　下になるほうの切り口にクリームチーズをまんべんなくぬる。
3　ピクルスを並べ、水気をきった紫タマネギをのせる。
4　サニーレタスを重ね、スモークサーモンをのせる。
5　上になるパンで挟む。

クリームチーズとスモークサーモンのブリオッシュサンド

クリームチーズとスモークサーモンという定番具材も、柔らかいブリオッシュで
挟むとまた違う印象に。レモンを搾って爽やかさをプラス

ブランジュリ タケウチ

材料
ブリオッシュ（9cm×9cm×1cm）　2枚
クリームチーズ　大さじ2
グリーンサラダ　適量
スモークサーモン（スライス）　2枚
タマネギ（スライス）　適量
ケイパー　5～6粒
ディル　適量
レモン　1/6個
黒コショウ　適量

＊タマネギはスライスして水にさらし、オリーブ油、白ワイン酢、塩でマリネする。

1　ブリオッシュ1枚にクリームチーズをまんべんなくぬる。
2　黒コショウを挽き、グリーンサラダをのせる。
3　スモークサーモンを二つに折って並べる。
4　タマネギのスライスをのせ、ケイパーを散らす。
5　ディルをのせ、上からレモンを搾る。
6　上に残りのブリオッシュを重ねる。

サーモンクリームチーズJUNOスタイル

クリームチーズとサーモン、ケイパーというおなじみの組合せ。
仕上げにふる黒コショウが、全体の味わいを引き締めてくれる

JUNOESQUE BAGEL自由が丘店

材料
ベーグル（10cm×10cm×3cm）　1個
クリームチーズ　大さじ1
レタス　2枚
キュウリ（スライス）　3枚
スモークサーモン（スライス）　5〜6枚
紫タマネギ（スライス）　適量
ケイパー　7粒
マヨネーズ　小さじ1
黒コショウ　適量

＊ベーグルはプレーンタイプを使用。
＊ケイパーは塩漬けのものを水にさらし、塩抜きしてから用いる。

1　ベーグルを横から2枚に切り分ける。
2　下になるパンにクリームチーズをぬる。
3　レタスをのせ、マヨネーズをまんべんなくぬる。
4　キュウリをのせ、スモークサーモンを重ねるように並べる。
5　紫タマネギをのせ、ケイパーを散らす。
6　黒コショウをふり、上のパンをのせる。

アボカド・サーモン・卵

アボカド、スモークサーモン、ゆで卵とまろやかな素材同士の組合せ。
ディジョンマスタードの酸味と辛さが味わいのアクセント

BAGEL

材料
パン・ド・カンパーニュ
　（15cm×7cm×2cm）　1枚
アボカド（スライス）　3枚
スモークサーモン（スライス）　1枚
ゆで卵（スライス）　2枚
サニーレタス　1枚
バター　適量
マスタードマヨネーズ　大さじ1

＊アボカドは厚さ1cmに、ゆで卵は厚さ5mmにスライスする。
＊マスタードマヨネーズは市販品を使用。

1　パン・ド・カンパーニュに横から切り込みを入れる（切り離さない）。
2　切り込みを開き、両面にバターをぬり、マスタードマヨネーズをぬる。アボカドを並べる。
3　スモークサーモンをのせ、ゆで卵のスライスをのせる。
4　サニーレタスをのせてパンを閉じる。

魚介類

サーモンとサラダのサンドイッチ

スモークサーモンの脂ののりが、味のポイント。
みじん切りのタマネギとケイパーを混ぜた時に、ねっとりと固めになじむ程度がベスト

オーバカナル大崎店

材料
角食パン（11.5cm×11cm×1.3cm） 2枚
サワークリーム入りマヨネーズ 大さじ1½
サーモンタルタル 40g
グリーンサラダ 適量

＊サワークリーム入りマヨネーズは、マヨネーズに対して3割のサワークリームを加えてよく混ぜたもの。
＊サーモンタルタルは、粗みじんに切ったスモークサーモンにみじん切りのタマネギとケイパーを加えて、よく混ぜ合わせたもの。
＊グリーンサラダは、グリーンカール、レタス、トレヴィス、サニーレタスなどを適当な大きさにちぎり、合わせたもの。

1　角食パン1枚の片面にマヨネーズをぬる。サーモンタルタルをのせ、広げる。
2　もう1枚のパンの片面にもマヨネーズをぬる。この上にグリーンサラダをこんもりとのせる。
3　グリーンサラダの上に1のパンを重ねる。半分に切り分ける。

スモークサーモンときゅうりのライ麦パンサンド

濃厚なスモークサーモンに、自家製カッテージチーズ
と生野菜を合わせて食べやすく

ハーティー・スープ

材料
ライ麦パン（22cm×7cm×0.7cm）　2枚
カッテージチーズ　大さじ1½
スモークサーモン（スライス）　1½枚
キュウリ（スライス）　10枚
タマネギ（スライス）　⅛個分
ディル　1枝
バター（有塩）　適量
粒マスタード　適量
黒コショウ　適量

＊カッテージチーズは、牛乳を沸騰直前まで沸かし、40℃くらいに冷ましてからレモン汁を加え混ぜ、分離したら布で漉して作る自家製のもの。

1　ライ麦パン1枚の片面にバターと粒マスタードを薄くぬる。
2　カッテージチーズをのせ、軽く平らに広げる。
3　スモークサーモンを広げてのせ、キュウリを重ならないように並べる。
4　タマネギのスライスを散らし、ディルをのせる。
5　黒コショウを全体にふり、もう1枚のパンにバターをぬって重ねる。

サーモンチーズスクランブル

**スモークサーモンとモッツァレラチーズが入ったまろやかなスクランブルエッグが主役。
チーズが溶けたアツアツの状態を味わってもらう**

JUNOESQUE BAGEL自由が丘店

材料
ベーグル（10cm×10cm×3cm）　1個
クリームチーズ　大さじ1
レタス　2～3枚
サーモンとチーズのスクランブルエッグ　90g
黒コショウ　適量

＊ベーグルはプレーンタイプを使用。
＊スクランブルエッグは、卵1個を溶き、牛乳、塩、コショウを入れる。温めたフライパンに流し入れ、適宜に切ったスモークサーモン20gとモッツァレラチーズ10g、アサツキを加えてスクランブルエッグを作る。サーモンには完全に火を入れない。

1　ベーグルを横から2枚に切り分ける。
2　下になるパンにクリームチーズをぬる。
3　レタスを敷き、サーモンとチーズのスクランブルエッグをのせる。
4　黒コショウをふり、上になるパンをのせる。

チーズ

cheese

クリーミーな白カビタイプはたっぷり挟み、
個性の強い青カビタイプは少しだけ使って味のアクセントに。
特性を生かした使い方がチーズのサンドイッチのポイント。
仕立て方次第で、オードヴルやお酒によく合う一品にも。

定番のサンドイッチ >>> クロックムッシュ　　　　　　　　　　　指導：オーバカナル紀尾井町店

クロックムッシュ

ベシャメルソースとハムを挟んで焼いたクロックムッシュは、フランスのカフェの定番メニュー。香ばしく焼いたアツアツをナイフとフォークで味わう。オーバカナルでは風味の異なる2種類のチーズを合わせて使い、味わいに複雑みを持たせた点がおいしさのポイント。

材料
食パン（9cm×9cm×1cm）　2枚
ベシャメルソース　大さじ2
ロースハム（スライス）　1枚
グリュイエールチーズ　適量
マリボーチーズ　適量

1 ベシャメルソースは小麦粉を色づけないように炒め、牛乳を加えてのばす。しばらく煮て、ナッツメッグと塩で味をととのえる。まとめて仕込み、冷蔵庫で保存しておく。

2 ベシャメルソースを柔らかくほぐし、均一の厚さになるように1枚のパンにぬる。

3 ロースハムを、パンからはみださないようにのせる。その上にベシャメルソースを薄くぬる。

4 もう1枚のパンをのせ、その上面にもベシャメルソースを薄くぬる。

5 グリュイエールチーズとマリボーチーズを合わせ、4にたっぷりとのせる。上から軽く押さえて平らにし、余分なチーズは払い落とす。

6 写真の状態まで仕込んでおき、オーダーが入ったらオーブントースターで5～6分間、チーズに焼き色がつくまで焼く。

チーズ 107

モッツァレラ&ジェノバペースト チャバタサンド

モッツァレラチーズの白、ジェノバペーストの緑、ドライトマトの赤。
イタリアのパン「チャバッタ」にイタリアンカラーを生かしたシンプルなサンドイッチ

DEAN & DELUCA

材料
チャバッタ（12cm×12cm×8cm）　1個
ジェノバペースト　大さじ1
モッツァレラチーズ（スライス）　3枚
黒オリーブ（みじん切り）　小さじ1
ドライトマト　小さじ1
塩、コショウ　各少量

＊ジェノバペーストは、バジル、松の実、ニンニク、パルミジャーノチーズ、オリーブ油を合わせ、ミキサーでなめらかにしたもの。
＊モッツァレラチーズは5mmの厚さにスライスする。

1　チャバッタに横から切り込みを入れる（切り離さない）。切り込みを広げ、下面にジェノバペーストをぬる。
2　モッツァレラチーズを並べ、塩、コショウを軽くふる。その上に黒オリーブとドライトマトを重ね、パンを閉じる。

ナポリ

**水牛のモッツァレラチーズを使うことが、おいしく作る最大のポイント。
サンドイッチの具は、繁忙時の作りやすさを優先した順番に重ねていく**

ベターデイズ

材料
パン(11.5cm×10.5cm×4cm)　1個
ジェノバペースト　大さじ1
サニーレタス　1枚
水牛のモッツァレラチーズ　15g
バジル　2枚
トマト(スライス)　3枚
塩　適量
コショウ　適量
オリーブ油　適量

＊パンは27ページ参照。
＊ジェノバペーストは、バジル、松の実、ニンニクをすり鉢、またはフードプロセッサーですりつぶし、塩で味をととのえたもの。

1　パンを常温で解凍し、横から2枚に切る。2枚とも切り口にジェノバペーストをぬる。
2　下になるパンにサニーレタスを敷き、モッツァレラチーズを並べ、塩、コショウ、オリーブ油をふる。
3　バジルの葉を広げてのせ、トマトを重ねる。
4　上になるパンで挟み、200℃に熱したパニーニ用グリラーで30秒ほどプレスして焼く。半分に切り分ける。

とろとろモッツァレラチーズとトマトのホットサンド

モッツァレラチーズにセミドライトマトをのせて焼いたシンプルな
ホットサンド。チーズが溶けたアツアツを味わってもらう

JUNOESQUE BAGEL自由が丘店

材料
ベーグル（10cm×10cm×3cm）　1個
モッツァレラチーズ（スライス）　2枚
セミドライトマト　30g
バジル（ドライ）　ひとつまみ
オリーブ油　大さじ1

＊ベーグルはトマトとバジル風味のものを使用。
＊セミドライトマトはオリーブ油に漬けてあるものを使用。油をきってから使う。

1　ベーグルを横から2枚に切り分ける。
2　下になるほうのパンにモッツァレラチーズを並べる。
3　セミドライトマトをまんべんなく並べ、バジルを散らす。
4　オリーブ油を回しかけ、オーブンで焼く。
5　チーズが溶けたら、オーブンで焼いた上のパンをのせる。

一つおきの切り目にアンチョビバターをぬり、モッツァレラチーズを挟む

モッツァレラチーズとアンチョビバター

食べやすいようにバゲットに切り目を入れ、チーズとアンチョビバターを挟み込む。
アンチョビバターの塩気と風味がきいたスナック感覚のサンドイッチ

プレイス イン ザ サン

材料
バゲット（22cm×7cm×4.5cm）　1本
アンチョビバター　小さじ2
モッツァレラチーズ（スライス）　6切れ
ニンニク　1かけ
パセリ（みじん切り）　適量

＊アンチョビバターは、バター100gを熱して溶かし、アンチョビペースト小さじ1を加えて混ぜ、アクを除いてから練り上げたもの。

1　バゲットに均等な間隔で切り込みを11本入れる。
2　一番端の切り込みにニンニクの切り口をこすりつけ、アンチョビバターをぬってモッツァレラチーズを挟む。切り込み一つおきに、同様にニンニクをこすりつけて、アンチョビバターとモッツァレラチーズを挟んでいく。180℃のオーブンで焼く。
3　チーズが中まで充分溶けたらオーブンから取り出し、みじん切りのパセリをふる。
4　一つおき（チーズを挟んでないところ）に切って食べるよう勧める。

生ハムとブリーチーズのバゲットサンド

**生ハムとブリーチーズの塩気だけで味わうシンプルなサンドイッチ。
仕上げにオリーブ油をふり、香りをプラスする**

ブランジュリ タケウチ

材料
バゲット（18cm×5.5cm×5cm）　1本
ブリー・ド・モー（スライス）　1枚
生ハム　1枚
オリーブ油　適量

＊ブリー・ド・モーはフランス産白カビチーズ。カマンベールに似ているが、よりコクとまろやかさがある。

1　バゲットに横から切り込みを入れる（切り離さない）。
2　切り込みを開き、ブリー・ド・モーを敷く。
3　生ハムを広げてのせ、オリーブ油をたらす。パンを閉じる。

ブリー・ド・モー

**ブリー・ド・モーはイル・ド・フランス地方の白カビチーズ。
クセがなく食べやすいチーズに、ナスのソテーとセミドライトマトを合わせた**

オーバカナル大崎店

材料
バゲット・セザム（18cm×4.5cm×5cm）　1本
ブリー・ド・モー（スライス）　1枚（25g）
ナスのソテー　2枚
セミドライトマト　2枚
バター　適量

＊バゲット・セザムは、バゲットの表面にゴマをまぶしたもの。
＊ナスのソテーはナスを縦にスライスし、オリーブ油でソテーする。仕上げに塩をふっておく。
＊セミドライトマトはハーブ入りのオイルに漬けたものを使用。

1　バゲットに横から切り込みを入れる（切り離さない）。
2　切り込みを開き、下の面にだけバターをぬる。
3　ブリー・ド・モーを挟む。油を充分にきったナスのソテー、セミドライトマトの順に挟む。パンを閉じる。

フルム・ダンベール

**バゲットに青カビチーズのフルム・ダンベールを挟んだサンドイッチ。
塩分が強いチーズに、ほんの少しかけたハチミツの甘さがよく合う**

オーバカナル大崎店

材料
バゲット（28cm×6cm×8cm）　1本
フルム・ダンベール（スライス）　3切れ
ピーカンナッツ　1½個
ハチミツ　少量
バター　適量

＊バゲットは伝統的な製法で作ったバゲット・トラディショナルの生地を使ったものを使用。
＊フルム・ダンベールは、フランス・オーベルニュ地方で作られる青カビタイプのチーズ。
＊ピーカンナッツは粗く砕いておく。

1　バゲットに横から切り込みを入れる（切り離さない）。切り込みを開き、上面にバターをぬる。
2　フルム・ダンベールを挟み、砕いたピーカンナッツを散らす。
3　上からハチミツを少量たらし、パンを閉じる。

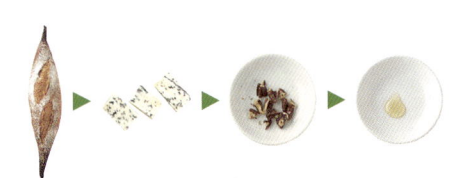

オーベルニュ

リンゴと青カビタイプのチーズ「ブルー・ドーヴェルニュ」、クルミの組み合わせ。
リンゴは酸味のある紅玉などを使いたい。甘口のデザートワインにも合うサンドイッチ

ベターデイズ

材料
パン（11.5cm×10.5cm×4cm）　1個
リンゴ（スライス）　1/8個分
ブルー・ドーヴェルニュ（スライス）　1枚
レーズン（ドライ）　10g
生クルミ　15g
バター　適量

＊パンは27ページ参照。
＊ブルー・ドーヴェルニュはフランス・オーベルニュ地方で作られる、ロックフォールに似た青カビチーズ。

1　パンを常温で解凍し、横から2枚に切る。2枚とも切り口にバターを薄くぬる。
2　下になるパンにリンゴを重ならないように並べる。ブルー・ドーヴェルニュをちぎってリンゴの上に散らす。
3　レーズン、生クルミを均等に散らして、残りのパンで挟む。
4　200℃に熱したパニーニ用グリラーで30秒ほどプレスして焼き、半分に切る。

ドライトマトのクリームチーズのサンドイッチ

ベーグルとクリームチーズは定番の組み合わせ。そのチーズにドライトマトを
混ぜてオリジナリティのあるサンドイッチに。ピンクの色合いも印象的

BAGEL

材料
ベーグル（11cm×11cm×5cm）　1個
ドライトマトのクリームチーズ　大さじ2

＊ベーグルはゴマ風味のものを使用。
＊ドライトマトのクリームチーズは、ハーブ風味の
オイルに漬けたドライトマト（市販品）をミキサー
にかけ、オーストラリア産クリームチーズと混ぜ
合わせたもの。

1　ベーグルを横から2枚に切り分ける。
2　下になるパンにドライトマトのクリームチーズをまんべんなくぬる。
3　上のパンをのせて挟む。

Levinのバターサンド／Mielのサンド

バターのコクとまろやかさが主役の、パンのおいしさを味わうサンドイッチ。
クルミのパンにはミエル（ハチミツ）をたらして香りと甘みをプラス

パンデュース

［Levinのバターサンド］
材料
プティパン　1個
バター（スライス）　1枚

＊プティパンは天然酵母（ルヴァン種）を使った風味の濃厚なものを使用。

［Mielのサンド］
材料
クルミ入りプティパン　1個
バター（スライス）　1枚
ミカンのハチミツ　小さじ1

＊パンは、フランスパンの生地にクルミを入れて焼いたもの。

Levinのバターサンド
1　プティパンに上から切り込みを入れる（パンは切り離さない）。
2　5mmの厚さにスライスしたバターを挟む。

Mielのサンド
1　プティパンに横から切り込みを入れる（切り離さない）。
2　5mmの厚さにスライスしたバターを挟む。
3　ミカンのハチミツをたらす。

定番のサンドイッチ >>> クリームチーズのディップ　　　指導：JUNOESQUE BAGEL自由が丘店

クリームチーズのバリエーション

ベーグルに挟む具材で最もポピュラーなのが、クリームチーズ。ベーグルを提供する店では、これをベースにさまざまなフレーバーをつけたディップ類を用意している。ここで紹介するのはシンプルなアイテム。ドライトマトやアボカド、フリーズドライの野菜を加えるとさらにバリエーションが増える。

ベーグルサンド・クランベリークリームチーズ

材料（作りやすい量）
クリームチーズ　300g
クランベリー（ドライ）　100g
グラニュー糖　30g

＊クリームチーズはオーストラリア産の酸味が少ないものを使用。
＊クランベリーはアメリカ産。酸味の強いタイプを使用する。

1 クリームチーズを室温において柔らかくもどす。

2 グラニュー糖を入れ、すり込むように混ぜて全体になじませる。グラニュー糖は自然に溶けるので、粒は多少残っていてもよい。ドライクランベリーを加える。

3 全体に行き渡るように混ぜる。

●ディップのぬり方
パレットナイフにディップをとり、押さえつけるようにぬる。中央が一番厚く、サイドにいくほど薄くなるようにぬると、挟んだ時にディップがベーグルからはみ出さない。なお、ぬるのは食べる直前に。

クリームチーズ

クリームチーズ

プレーンのクリームチーズは最もベーシックなディップ。これをぬったところにスモークサーモンや野菜を挟んだサンドイッチも多い。ベーグルには、酸味が少なく、コクがあって口当たりが濃厚なクリームチーズが向く。

トーフクリームチーズ

クリームチーズ　1
木綿豆腐　1
塩　適量
コショウ　適量

木綿豆腐の水気を充分にきり、クリームチーズと混ぜ合わせて塩、コショウで味をととのえる。水っぽくなりやすいので水きりはしっかり行なう（冷凍の豆腐を使うと水きりが簡単）。塩を入れることで豆腐の旨みが引き立つ。

クリームチーズ・ディップのポイント

1　ベーグルには酸味の少ないクリームチーズが向く。混ぜ込む材料が均一に行き渡るよう、室温で柔らかくもどしてから使う。
2　クリームチーズと混ぜ込む材料の量は、3対1が目安。
3　生のフルーツなど水気が多い材料を使うと、クリームチーズが分離してしまう。フルーツはドライのものが使いやすい。
4　ソースなど液体のものを混ぜた場合は、混ぜた後に一度冷やして味をなじませるとよい。
5　ディップは作った日も含めて3日間ほどで使い切る。

ブルーベリークリームチーズ

クリームチーズ　3
ブルーベリー（ドライ）　1
グラニュー糖　0.3

クリームチーズにグラニュー糖を加え、ざっと混ぜる。ブルーベリーを加え、まんべんなく混ぜる。ブルーベリーの中でも、風味の強いワイルドブルーベリーのドライが、味わいにメリハリが出るのでディップ向き。

メープルナッツクリームチーズ

クリームチーズ　3
ヘーゼルナッツ　1
メープルシュガー　適量

クリームチーズにヘーゼルナッツのプードル（粗く砕いたもの）を合わせ、メープルシュガーを加えてざっと混ぜる。メープルシュガーは目の粗いものを使用。混ぜすぎず、シュガーのざらっとした触感を残して風味を強調する。

ラムレーズンクリームチーズ

クリームチーズ　1
レーズン（ラム酒漬け）　0.5
レーズンの漬け汁　少量
グラニュー糖　0.1

クリームチーズにグラニュー糖を加え、混ぜる。水気を絞ったラム酒漬けのレーズンをクリームチーズの半量ほど加え、漬け汁も少し加える。レーズンがつぶれないように混ぜ合わせる。大人っぽい味わい。

野菜

サンドイッチ 味のポイント ② >>> ピクルス

マスタード（28ページ参照）と同様に、キュウリのピクルスやケイパーもサンドイッチによく使うアイテム。肉類を使ったサンドイッチやハンバーガーに、味と触感のアクセントとして使い、食べ飽きるのを防ぐ。よく使われるのは素材を塩漬け後、酢漬けにしたもので、爽やかな酸味が特徴。ピクルスはキュウリ以外にタマネギ、赤ピーマンなども見かけるが、シャキシャキとした触感がアクセントになるキュウリが最もよく使われる。本書のレシピにも登場する「レリッシュ」は、ピクルスをみじん切りにしたもの。そのまま使うほか、タルタルソースを作る際にも便利。また、小さいキュウリで作るコルニションは、パテなどのサンドイッチに切らずにそのまま用いる。ケイパーはスモークサーモンとの組み合わせでおなじみ。酢漬け以外に、ケイパー本来の味が楽しめる塩漬けも出回っている。

レリッシュ
みじん切りにしたピクルスと香辛料などを混ぜたもの。瓶詰めで市販されている。

ピクルス
きざんで使うほか、小さいキュウリの「コルニション」はそのまま挟んで使うことも多い。

ケイパー
独特の凝縮した風味がサンドイッチのアクセントに。塩漬けのものは塩抜きをしてから使う。

ハンバーガー・ホットドッグ

hamburger+hot dog

焼きたてのジューシーなパティ（ハンバーグ）
を挟んだハンバーガーは、
「グルメバーガー」として最近注目のアイテム。
各店とも、挟む素材やソースに手をかけて個性を打ち出している。
手堅い人気のホットドッグとともに紹介。

定番のサンドイッチ >>> ハンバーガー　　　　　　　　　　　　　　　　　指導：ベイカーバウンス

PLAIN BURGER（プレーンバーガー）

挽き肉を使わず、牛肉の各部位を包丁で叩いて作ったパティが特徴。炭火で焼くことで余分な脂を落としつつ、肉の旨みと触感を最大限に生かす。シンプルなハンバーガーは、トマトやタマネギをオーダーが入るたびにスライスするなど、手間をおしまないことがおいしさのポイント。

材料
バンズ（11cm×11cm×5cm）　1個
パティ　1枚（155g）
レタス　1枚
トマト（スライス）　1枚
タマネギ（スライス）　1枚
ピクルス（スライス）　2切れ
タルタルソース　大さじ1
バター　適量

＊パティは、牛モモ肉、牛肩バラ肉、ウデ肉（肩下の部分）などの各部位を、包丁できざみ、混ぜ合わせる。味つけは塩とコショウのみ。1枚を155gずつに分けて成形し、シリコンペーパーで包む。翌日に使用する分を前日に仕込んでおく。

2 パティは網にのせ、炭火で焼く。強火ですばやく焼くこと。

3 表面が盛り上がってきたら、裏返す。焼き時間の目安は、両面で1分間弱。指で押してみて、押し返すような弾力があれば焼き上がり。

4 パティを焼く間に他の具材の用意をする。トマトは5mmにスライスする。タマネギは1〜2mmにスライスする。ピクルスも斜め切りにしておく。

1 上下に切り分けたバンズを、切った断面を下にして鉄板にのせる。途中で裏返し、両面を焼く。

5 レタスをバンズの大きさに合わせて折りたたみ、その上に、トマト、タマネギ、ピクルスの順に重ねる。

6 下のバンズにバターをぬる。

7 焼き上がったパティをのせる。

8 上になるバンズにタルタルソースをぬり、5をのせる。

9 別々に器に盛って提供し、ケチャップとマスタードを添える。

ハンバーガー・ホットドッグ

チーズバーガー

**チェダーチーズを挟んだ、ハンバーガーの王道メニュー。
溶けたチーズが肉にからまったところを味わう**

BROZERS'

材料
バンズ（11cm×11cm×5cm）　1個
パティ　1枚（110g）
レタス　35g
トマト（スライス）　1枚
タマネギ（スライス）　1枚
チェダーチーズ（スライス）　2枚
バーベキューソース　小さじ1
マヨネーズ　小さじ1
塩、コショウ　各適量
バター　適量

＊パティはオーストラリア産の牛モモ肉7に対し、和牛の脂3を合わせている。一度挽きにしたものを仕入れ、塩とコショウで味つけする。
＊レタスは葉を一枚ずつばらし、冷水に放してシャキッとさせる。水気をきり、密閉容器に入れて冷蔵庫でひと晩ねかせる。
＊ソースは市販のバーベキューソースに、レモン汁やハチミツを加え、酸味と甘みを調整したもの。

1　バンズを横から2枚に切り、断面を鉄板で焼く。あまり色づけず、焼き面をカリッとさせる。
2　パティを150～180℃の鉄板にのせ、表面に塩とコショウをしっかりふる。6～7割ほど火が通ったら裏返す。
3　チェダーチーズをのせ、上からバーベキューソースをかける。蓋をして蒸し焼きにする。
4　レタスをバンズの大きさに合わせて折りたたみ、上にトマトとタマネギを重ねる。
5　バンズの下になるほうにマヨネーズをぬり、4の野菜をのせる。上に3のパティをのせ、上のバンズにバターをぬって挟む。

ダブルバーガー

パティを2枚重ねたボリュームたっぷりのハンバーガー。ケチャップなどは加えず、塩・コショウをしっかりきかせ、肉の旨みをストレートに味わってもらう

ファイヤーハウス

材料
バンズ（9cm×9cm×5cm）　1個
パティ　2枚（110g×2枚）
レタス　2〜3枚
トマト（スライス）　1枚
タマネギ（みじん切り）　小さじ1
レリッシュ　小さじ1
塩、コショウ　各適量
マスタード　小さじ1
マヨネーズ　大さじ1

＊パティは牛肉100％。赤身と脂身を7:3の割合で合わせて粗めに挽き、ほとんどこねずに成形する。
＊レリッシュは、ピクルスをみじん切りにしたもの。市販品を使用。

1　バンズを横から2枚に切る。鉄板で切った面から焼き、裏返して両面を焼く。
2　熱した鉄板にパティをのせる。半分程度火が通ったら表面に塩、コショウを強めにふる。両面の焼き時間は4分間が目安。焼きすぎに注意する。
3　レタスの水気をきって折りたたみ、トマトをのせる。その上にタマネギとレリッシュを盛っておく。
4　バンズの下になるほうにマスタードを、上のバンズにマヨネーズをぬる。
5　下のバンズに3の野菜をのせ、焼き上がったパティを2枚重ねる。上のバンズをかぶせる。

BACON CHEESE BURGER

バンズから大きくはみ出たベーコンが目を惹くハンバーガー。
桜のチップで燻製にした自家製ベーコンは、炭火で網焼きにし、カリッと香ばしく仕上げる

ベイカーバウンス

材料
バンズ（11cm×11cm×5cm）　1個
パティ　1枚（155g）
チェダーチーズ（スライス）　2枚
ベーコン（スライス）　2枚
タルタルソース　大さじ1
レタス　1枚
トマト（スライス）　1枚
タマネギ（スライス）　1枚
ピクルス（スライス）　2切れ
バター　適量

＊パティは122ページ参照。

1　バンズを横から2枚に切り分け、切り口を下にして鉄板にのせて焼く。
2　パティは網にのせ、炭火ですばやく焼く。パティの表面が盛り上がってきたら裏返し、チェダーチーズをのせる。蓋をかぶせて蒸し焼きにする。焼き時間の目安は、両面で1分間弱。
3　ベーコンをスライスし、網にのせて炭火でこんがり焼く。
4　トマトは約5mmに、タマネギは1〜2mmの厚さにスライスする。ピクルスは斜めに切る。
5　レタスをバンズの大きさに合わせて折りたたみ、上にトマト、タマネギ、ピクルスの順に重ねる。
6　バンズの下になるほうにバターをぬり、2のパティをのせる。ベーコンを交差させて重ねる。
7　上のバンズにタルタルソースをぬり、5の野菜をのせる。
8　6と7のバンズを別々に器に盛り、ケチャップとマスタード（分量外）を別に添えて提供する。

ロットバーガー

**ベーコン、チーズ、目玉焼き、パイナップルが入ったボリュームたっぷりの1品。
チリソース以外にバーベキューやテリヤキなどのソースにも合うハンバーガー**

BROZERS'

材料
バンズ（11cm×11cm×5cm）　1個
パティ　1枚（110g）
レタス　35g
トマト（スライス）　1枚
タマネギ（スライス）　1枚
チェダーチーズ（スライス）　2枚
ベーコン（スライス）　3枚
パイナップル（スライス）　1枚
目玉焼き　卵1個分
レッドホットチリソース　小さじ1
マヨネーズ　小さじ1

＊パティは124ページ参照。
＊レタスは124ページ参照。
＊レッドホットチリソースはタイ産のもの。

1　バンズを横から2枚に切り、断面から鉄板で焼く。あまり色づけず、カリッとした触感に仕上げる。
2　パティを150〜180℃の鉄板にのせる。塩とコショウをしっかりふる。
3　バンズの大きさに合わせて目玉焼きを焼く。別にベーコンはこんがりと、パイナップルは色づけるように焼く。
4　パティに6〜7割ほど火が通ったら裏返す。チェダーチーズをのせ、レッドホットチリソースをかける。蓋をして蒸し焼きにする。
5　焼いたパティにベーコンをのせて、レッドホットチリソースをぬる。パイナップルと目玉焼きものせ、再度レッドホットチリソースをぬる。
6　レタスをバンズに合わせて折りたたみ、トマトとタマネギを重ねる。
7　バンズの下になるほうにマヨネーズをぬり、6の野菜をのせる。その上に5のパティをのせ、上のバンズにバター（分量外）をぬって挟む。崩れないよう、楊子を刺して盛る。

ハンバーガー・ホットドッグ

BAKER'S BURGER

パティにたっぷりのラタトゥイユとチェダーチーズをプラスしたオリジナルバーガー。食べやすさを優先するなら、ラタトゥイユはパティの下に挟んでもよい

ベイカーバウンス

材料
- バンズ（11cm×11cm×5cm） 1枚
- パティ 1枚（155g）
- ラタトゥイユ 大さじ2½
- チェダーチーズ（スライス） 2枚
- タルタルソース 大さじ1
- レタス 1枚
- トマト（スライス） 1枚
- タマネギ（スライス） 1枚
- ピクルス（スライス） 2切れ
- バター 適量

＊パティは122ページ参照。
＊ラタトゥイユは、赤・黄ピーマンとタマネギを適当な大きさに切り揃え、オリーブ油で炒める。湯むきしたトマトの角切りを加え、炒める。塩とコショウで味をととのえ、弱火で約1時間煮る。粗熱をとり、冷蔵庫で保存しておく。

1　バンズを横から2枚に切り分け、断面を下にして鉄板にのせる。

2　パティは網にのせ、炭火ですばやく焼く。表面が盛り上がってきたら裏返す。

3　ラタトゥイユを鉄板でほぐしながら温め、パティにのせる。チェダーチーズものせ、蓋をかぶせて蒸し焼きにする。焼き時間の目安は、両面で1分間弱。

4　パティを焼く間に、トマトは約5mm、タマネギは1～2mmの厚さにスライスする。ピクルスは斜めに切る。

5　レタスをバンズの大きさに合わせて折りたたみ、上にトマト、タマネギ、ピクルスの順に重ねる。

6　下になるバンズにバターをぬり、3のパティをのせる。

7　上のバンズにタルタルソースをぬり、5の野菜をのせる。

8　6と7のバンズを別々に器に盛り、ケチャップとマスタード（分量外）を別に添える。

テリヤキバーガー

パティに醤油をベースにしたテリヤキのタレをかけてサンドしたハンバーガー。
ミディアムに焼き上げたパティの肉の旨みを損なわないよう、タレの味を調整している

ホームワークス

材料
バンズ（12cm×12cm×5cm）　1個
パティ　1枚（130g）
テリヤキのタレ　大さじ1
レタス　1枚
タルタルソース　大さじ1½
タマネギ（スライス）　1枚
トマト（スライス）　1枚
ピクルス（スライス）　1枚
黒コショウ　少量

＊パティは牛肉100％のミンチを練り、1枚130gに取り分けてまとめておく。
＊テリヤキのタレは、醤油100㎖、砂糖大さじ3、ミリン大さじ1、長ネギのみじん切り小さじ1、ショウガのすりおろし小さじ1、ニンニクのすりおろし小さじ1、ゴマ油少量を合わせ、同量の水を加えて火にかける。沸騰したら水溶き片栗粉適量でとろみをつける。
＊タルタルソースは、マヨネーズにタマネギ（みじん切り）、ピクルス（甘みのないものを使用。みじん切り）を適量ずつ加える。タマネギは辛みを和らげるため、天地を切って皮をむいた状態で1日水につけておいたものを使用。

1　バンズを横から2枚に切る。
2　パティをまとめ、黒コショウをふり、鉄板で両面を焼いてミディアムに火を通す。仕上げに熱したグリル板で格子状に焼き目をつける。
3　テリヤキのタレをぬり、バンズにのせる。
4　レタスをバンズより大きめに折りたたみ、3にのせる。
5　タルタルソースをぬる。タマネギは外側の2枚のみを使う。薄皮を取り除き、のせる。
6　トマトをのせ、ピクルスの薄切りを1枚のせる。
7　残りのパンを立てかける。

アボカドバーガー

**アボカドのなめらかな触感やコクはハンバーガーにもよく合う。
主役の肉とアボカドのみをバンズで挟み、他の具は別に添えて好みで挟んでもらう**

ホームワークス

材料
バンズ（12cm×12cm×5cm）　1個
パティ　1枚（130g）
タルタルソース　大さじ1½
アボカド（スライス）　⅓個分
レタス　1枚
タマネギ（スライス）　1枚
トマト（スライス）　1枚
ピクルス（スライス）　1枚
黒コショウ　少量

＊パティは129ページ参照。
＊タルタルソースは129ページ参照。

1　バンズを横から2枚に切る。
2　パティをまとめ、黒コショウをふり、鉄板で両面を焼いてミディアムに火を通す。仕上げにグリル板で格子状に焼き目をつける。
3　バンズにパティをのせ、タルタルソースをぬり、アボカドを並べる。
4　残りのバンズを立てかける。
5　折りたたんで形を整えたレタス、タマネギ（輪切りにし、外側の2枚を使用）、トマト、ピクルス、タルタルソースを重ね、4の横に添える。

※写真はバンズにメインの具材（パティとアボカド）だけを挟み、それ以外のレタスやトマトなどの具材は別添えにして提供する場合の例。これは好みがはっきりしている外国人の方など向け。通常通り重ねて提供する場合は、3の上にレタス、タルタルソース、タマネギ、トマト、ピクルスの順にのせた後、上になるバンズを立てかける。

アボカドチーズバーガー

**ソースの代わりに、アボカドの甘みをソースとして味わうハンバーガー。
アボカドは食べやすくスライスし、パティとの一体感を持たせる**

BROZERS'

材料
バンズ（11cm×11cm×5cm）　1個
パティ　1枚（110g）
レタス　35g
トマト（スライス）　1枚
タマネギ（スライス）　1枚
チェダーチーズ（スライス）　2枚
アボカド（スライス）　1/4個
マヨネーズ　小さじ1
バター　適量

＊バンズは124ページ参照。
＊レタスは124ページ参照。

1　バンズを横から2枚に切り、鉄板で断面を焼く。あまり色づけず、断面がカリッとした触感になるまで焼く。
2　パティを150～180℃の鉄板にのせる。塩とコショウをしっかりふる。
3　パティに6～7割ほど火が通ったら裏返す。チェダーチーズとスライスしたアボカドをのせ、蓋をして蒸し焼きにする。
4　レタスをバンズの大きさに合わせて折りたたみ、その上にトマトとタマネギを重ねておく。
5　下になるバンズにマヨネーズをぬり、4の野菜をのせる。その上に3のパティをのせ、黒コショウをふり、上のバンズにバターをぬって挟む。

チリチーズバーガー

11種類のスパイスを加え、独自の味にアレンジしたチリビーンズをたっぷり使ったハンバーガー。パティにのせたチーズは蒸し焼きにして溶かし、パティとの一体感を持たせる

ファイヤーハウス

材料
バンズ（9cm×9cm×5cm）　1個
パティ　1枚（110g）
レタス　2〜3枚
トマト（スライス）　1枚
タマネギ（みじん切り）　小さじ1
レリッシュ　小さじ1
チリビーンズ　大さじ1
チェダーチーズ（スライス）　2枚
マスタード　大さじ1
マヨネーズ　小さじ1
塩、コショウ　各適量

＊パティは125ページ参照。
＊レリッシュは125ページ参照。
＊チリビーンズは市販品に、ガーリックパウダー、七味トウガラシ、黒コショウ、粗塩など、11種類のスパイスを加えて味をととのえたもの。

1　熱した鉄板にパティをのせる。半分程度火が通ったら表面に塩、コショウを強めにふる。裏返し、チリビーンズをのせ、さらにチェダーチーズを重ねる。蓋をかぶせて蒸し焼きにする。両面を焼く時間は4分間が目安。

2　同時進行でバンズを焼く。バンズは横から2枚に切り、断面を下にして鉄板にのせる。両面を焼く。

3　レタスの水気をしっかりきって折りたたむ。トマトをのせ、その上にタマネギとレリッシュを盛る。

4　下になるバンズにマスタードを、上のバンズにマヨネーズをぬる。

5　下のバンズに3の野菜をのせ、焼き上がった1のパティをのせる。上のバンズをかぶせる。

ハンバーゴ

**シナモンの香りをきかせた甘いリンゴが、塩気の強いパティとよく合うオリジナルバーガー。
リンゴをのせて蒸し焼きにすることで、リンゴの甘みをパティにしみこませるのがポイント**

ファイヤーハウス

材料
バンズ（9cm×9cm×5cm）　1個
パティ　1枚（110g）
レタス　2〜3枚
トマト（スライス）　1枚
タマネギ（みじん切り）　小さじ1
レリッシュ　小さじ1
リンゴ煮　大さじ1
マスタード　大さじ1
マヨネーズ　小さじ1
塩、コショウ　各適量

＊パティは125ページ参照。
＊レリッシュは125ページ参照。
＊リンゴ煮は、リンゴの皮をむいて食べやすい大きさに切り、ラム酒、砂糖、シナモン、レモン汁で15〜20分間煮込んだもの。

1　熱した鉄板にパティをのせる。半分程度火が通ったら表面に塩、コショウを強めにふる。裏返してリンゴ煮をのせ、蓋をかぶせて蒸し焼きにする。両面を焼く時間は4分間が目安。
2　同時進行でバンズを焼く。横から2枚に切ったバンズを、断面を下にして鉄板にのせる。裏返して両面を焼く。
3　レタスの水気をしっかりきって折りたたむ。トマトをのせ、上にタマネギとレリッシュを盛る。
4　下になるバンズにマスタードを、上のバンズにマヨネーズをぬる。
5　下のバンズに3の野菜をのせ、焼き上がった1のパティをリンゴが上になるようにのせる。上のバンズをかぶせる。

スイートチリチキンバーガー

プリプリに焼き上げたチキンに、スイートチリソースを合わせたハンバーガー。
スイートチリソースは、片栗粉を加えて粘度を高めることで、チキンソテーとの一体感を持たせる

BROZERS'

材料
バンズ（11cm×11cm×5cm）　1個
鶏モモ肉　1枚
レタス　35g
トマト（スライス）　1枚
タマネギ（スライス）　1枚
サワークリーム　大さじ1
スイートチリソース　小さじ1
マヨネーズ　小さじ1
塩、コショウ　各適量

＊レタスは124ページ参照。
＊スイートチリソースは市販品を使用。そのままでは濃度が薄くて流れやすいため、片栗粉を加えて粘度を高める。

1　バンズを横から2枚に切り、切った断面から鉄板で焼く。あまり色づけず、カリッとした触感になるまで焼く。
2　鶏モモ肉を皮目から150〜180℃の鉄板にのせる。表面に塩とコショウをしっかりふる。
3　鶏モモ肉に6〜7割火が通ったら裏返す。サワークリームをのせ、スイートチリソースをかける。蓋をして蒸し焼きにする。
4　レタスをバンズの大きさに合わせて折りたたみ、その上にトマトとタマネギを重ねる。
5　下になるバンズにマヨネーズをぬり、4の野菜をのせる。その上に3の鶏肉をのせ、上のバンズにバター（分量外）をぬって挟む。

フィレオフィッシュ

白身魚のフライを挟んだ定番ハンバーガーのひとつ。
フライのサクサクとした触感と、柔らかいバンズのコントラストを楽しんでもらう

ファイヤーハウス

材料
バンズ（9cm×9cm×5cm）　1個
白身魚のフライ（市販品）　1枚
レタス　2〜3枚
トマト（スライス）　1枚
タマネギ（みじん切り）　小さじ1
レリッシュ　小さじ1
チェダーチーズ（スライス）　1枚
マスタード　大さじ1
マヨネーズ　小さじ1

＊レリッシュは125ページ参照。

1　白身魚のフライを油で揚げる。
2　同時進行でバンズを焼く。バンズを横から2枚に切る。切った断面から鉄板で焼き、裏返して両面焼く。
3　レタスの水気をしっかりきって折りたたみ、トマトをのせる。その上にタマネギとレリッシュを盛る。
4　下になるバンズにマスタードを、上のバンズにマヨネーズをぬる。
5　下のバンズに3の野菜をのせ、白身魚のフライを重ねる。チェダーチーズをのせ、上のバンズをかぶせる。

定番のサンドイッチ >>>ホットドッグ　　　　　　　　　　　　　　　　　　　　指導：ファイヤーハウス

ホットドッグ　サワークラウト

パンにソーセージを挟んだホットドッグはおなじみのパンメニュー。とくに、酸味をきかせたザワークラウトをたっぷり山盛りにのせたものは定番。ここではドイツ風の肉の旨みたっぷりのソーセージとの相性を考慮し、パンは天然酵母を使いつつも軽めの味わいにしている。

材料
ドッグパン（16cm×4cm×3cm）　1本
ソーセージ　1本
レリッシュ　小さじ1
タマネギ（みじん切り）　小さじ1
マスタード　大さじ1
マヨネーズ　大さじ1
ザワークラウト　100g

＊ソーセージは、ハーブを混ぜ込んだパリッとした触感のものを使用。
＊ザワークラウト（ファイヤーハウスでは「サワークラウト」と表記する）は甘さ控えめで、酸味と塩気がしっかり感じられるタイプを使用。

1　ドッグパンに包丁で切り込みを入れる（パンは切り離さない）。

2　熱した鉄板にソーセージをのせる。

3　蓋をして、蒸し焼きにする。

4　パンは焼きすぎないように、ヘラをかませるなどして蓋をかぶせ、蒸し焼きにする。

5　ソーセージを裏返したら、蓋をはずして焼く。

6　パンが温まったらソーセージを挟む。

7　レリッシュとタマネギをのせる。

8　マスタードをかけ、マヨネーズを線を描くようにかける。

9　温めたザワークラウトをたっぷりと盛る。

ハンバーガー・ホットドッグ

プレーンドッグ

ソーセージは、噛み切る時にパリッとした触感を楽しめるものを選ぶ。
パンが主張しすぎないように、牛乳を練り込んだやさしい味わいのパンを使った

BROZERS'

材料
ドッグパン（18cm×7cm×5cm）　1本
ソーセージ（20cm）　1本
タマネギ（みじん切り）　大さじ1
レリッシュ　大さじ1
ケチャップ　大さじ1
マスタード　大さじ1
パセリ　適量

1　ドッグパンの中心に切り込みを入れる。鉄板にのせ、裏返しながらあまり焼き色をつけないように焼く。
2　ソーセージを鉄板にのせ、皮がパリッとするまで焼く。
3　パンの切り込みを開き、ソーセージを挟む。その上に、タマネギとレリッシュを盛り、ケチャップとマスタードをたっぷりかける。パセリを散らす。

チリビーンズドッグ

ホットドッグにチリビーンズをたっぷりのせた、アメリカンテイスト満点の1品。
チリビーンズは、市販のチリコンカンをベースに、辛みを加えてオリジナリティのある味わいに

BROZERS'

材料
ドッグパン（18cm×7cm×5cm）　1本
ソーセージ（20cm）　1本
タマネギ（みじん切り）　大さじ1
レリッシュ　大さじ1
チリビーンズ　大さじ2
パセリ　適量

＊チリビーンズは、市販のチリコンカンにチリソースなどを加え、味を調節したもの。

1　ドッグパンの中心に切り込みを入れる。鉄板にのせ、裏返しながらあまり焼き色をつけないように焼く。
2　ソーセージを鉄板にのせ、皮がパリッとするまで焼く。同時に、チリビーンズを温めておく。
3　パンの切り込みを開いて、ソーセージを挟む。タマネギとレリッシュを盛り、その上にチリビーンズをのせてパセリを散らす。

サンドイッチを包む① >>>形を保つ

テイクアウトの需要が高いサンドイッチ。バゲットやベーグルなど比較的形がしっかりしたパンの場合はそれほど気にしなくても大丈夫だが、食パンなど柔らかいパンを使ったサンドイッチは、ラップ紙などできっちり包むとパンや具材がつぶれてしまうことも。パラフィン紙などの柔らかく汚れがつきにくい紙で、サンドイッチの形に沿って包むと形も柔らかさも保持することができる。

パンも中の具材も柔らかい場合は、左の写真のようにサンドイッチの形に合わせてていねいに包む。バゲットやリュスティックなどハード系のパンは形が崩れにくいので、右のようにラフに包むことも可能。

タルティーヌ

tartine

本来はバターやジャムをぬったパンを表す「タルティーヌ」。
日本ではパンに具材をのせたサンドイッチ、
つまりオープンサンドを指すことが多い。
「挟む」という制約がないため、自由な表現が可能。
目でも楽しいサンドイッチ。

タルティーヌプロヴァンサル

南仏をイメージしたタラのブランダードとラタトゥイユの組合せ。
柔らかくまろやかな半熟卵とともに味わってもらう

パティスリーマディ

材料
ゴマパン（13cm×11cm×1cm）　1枚
タラのブランダード　大さじ1強
グリーンカール　2枚
ラタトゥイユ　100g
半熟卵　1個
粗挽き黒コショウ　適量

＊ブランダードは、干ダラを水に浸け替えながら塩を抜く。ハーブと一緒にゆで、ほぐす。ゆでたジャガイモとともにミキサーでつぶす。温めた牛乳とオリーブ油を少しずつ加え、濃度を調整する。コショウで調味する。
＊ラタトゥイユは、角切りにしたズッキーニ、ナス、赤・黄ピーマンを、オリーブ油、塩、コショウ、エルブ・ド・プロヴァンス、つぶしたニンニクで一晩マリネする。湯むきしたトマトとともに熱した鍋に入れてさっと炒め、白ワインで調味する。

1　ゴマのパンにブランダードを薄くぬる。オーブンでさっと焼く。
2　グリーンカールを敷き、ラタトゥイユをこんもりとのせる。
3　半熟卵をのせ、卵に粗挽きの黒コショウをふる。

お野菜たっぷりオープンサンド

柔らかく食べやすいフォカッチャに、色とりどりの野菜をのせた
オープンサンド。別々に下処理した野菜のさまざまな触感が楽しめる1品

パンデュース

材料
カボチャ入りフォカッチャ
（14cm×10cm×1.5cm）　1個
トマトソース　20g
ミックスチーズ　大さじ2
レンコン（スライス）　4枚
ジャガイモ（スライス）　3枚
タマネギ（スライス）　2切れ
カボチャ（スライス）　2枚
ニンジン（スライス）　4枚
ソーセージ　3切れ
ピーマン（赤・黄）　各3切れ
塩、コショウ　各適量

パルミジャーノチーズ　適量
オリーブ油　適量

＊レンコンは厚さ3mmに切り、塩ゆでする。
＊ジャガイモは皮付きのまま蒸してから5mmに切る。
＊タマネギはくし切りにし、オーブンで焼く。
＊カボチャは厚さ5mmに切り、オーブンで焼く。
＊ニンジンは薄切りにし、砂糖、バター、塩でグラッセにする。
＊ソーセージはオリーブ油でソテーする。
＊赤・黄ピーマンはオーブンで焼く。

1　フォカッチャにトマトソースをぬり、ミックスチーズをふる。オーブンで焼く。
2　レンコンを並べ、その上にジャガイモを並べる。
3　タマネギ、カボチャ、ニンジン、ソーセージ、赤・黄ピーマンを重ならないように散らす。
4　塩、コショウをし、パルミジャーノをふる。オーブンで焼く。
5　表面をバーナーであぶり、焼き目をつける。オリーブ油をふる。

タルティーヌ　143

大分産有機レンコンのタルティーヌ

**シャキシャキとした触感のレンコンが主役。スモークチキンと
チェダーチーズのボリューム感を、バルサミコ酢で和らげる**

パンデュース

材料
バゲット（13cm×6cm×2cm）　1切れ
ベシャメルソース　大さじ1
スモークチキン（スライス）　7～8枚
レンコン（スライス）　5枚
チェダーチーズ　大さじ3
バルサミコ酢　小さじ1
塩　適量
コショウ　適量

1　バゲットにベシャメルソースをぬる。
2　スモークチキンのスライスを並べ、その上にレンコンを少しずつ重ねながら並べる。
3　バルサミコ酢をかけ、塩、コショウをふる。
4　チェダーチーズをまぶし、オーブンで焼く。

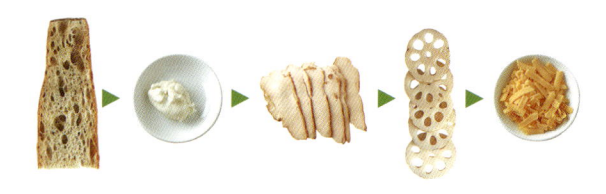

＊バゲットは、全粒紛とライ麦粉を使ったバゲット・ペイザンヌを使用。
＊ベシャメルソースは、鍋にバターを溶かしてタマネギのみじん切りを炒め、薄力粉を加えてルゥを作る。牛乳でのばし、塩、コショウで味をととのえる。
＊スモークチキンは市販品を使用。

有機栽培ナスのタルティーヌ

ナスとトマトの相性のいいもの同士の組み合わせ。トマトソースに入れた
カイエンヌペッパーとナスに散らしたゴルゴンゾーラが味のアクセント

パンデュース

材料
バゲット（9cm×8cm×2cm）　1切れ
トマトソース　大さじ1
ミックスチーズ　大さじ2
ロースハム　1枚
ナス（スライス）　5枚
ゴルゴンゾーラチーズ　少量
パルミジャーノチーズ　大さじ1
オリーブ油　適量
塩　適量

＊バゲットは、クラム（パンの中の白い部分）の
多いバタールを使用。
＊トマトソースはカイエンヌペッパーを加えたもの。

1　バゲットにトマトソースをぬる。
2　ミックスチーズをまぶす。
3　ロースハムをのせ、ナスのスライス（厚さ5mm）を並べる。
4　オリーブ油をふりかけ、塩をふる。
5　ゴルゴンゾーラチーズを小さくちぎって散らす。
6　パルミジャーノチーズをふってオーブンで焼く。

タルティーヌ　145

有機栽培タマネギのタルティーヌ

タマネギはバルサミコ酢でじっくりソテーして甘みを充分に引き出す。
相性のよいベーコンとアンチョビーとともにパンにのせ、香ばしく焼き上げる

パンデュース

材料
バゲット（12cm×6cm×2cm）　1切れ
ベシャメルソース　大さじ1
アンチョビー　少量
ベーコン（スライス）　1枚
タマネギのソテー　1/2個分
パルミジャーノチーズ　大さじ1
松の実　適量

＊バゲットはフランスパン生地を細長く成形した、バゲット・トラディショナルを使用。
＊タマネギのソテーは、スライスしたタマネギを少量の油とバルサミコ酢でじっくりと、色よくソテーしたもの。

1　バゲットにベシャメルソースをぬり、きざんだアンチョビーをのせる。
2　ベーコンをのせ、タマネギのソテーをたっぷりとのせる。
3　パルミジャーノをふり、オーブンで焼く。
4　ローストした松の実を散らし、バーナーで焦げめをつける。

有機栽培ラディッシュのタルティーヌ

ラディッシュとスクランブルエッグのやさしい味わいのタルティーヌ。
ペッパーシンケンを敷いてボリューム感をプラスしている

パンデュース

材料
バゲット（8cm×8cm×2.5cm）　1切れ
ベシャメルソース　大さじ1
ペッパーシンケン（スライス）　1枚
スクランブルエッグ　卵1個分
ラディッシュ　1個
チェダーチーズ（スライス）　1枚
塩　適量
オリーブ油　適量

＊バゲットはクラムの多いバタールを使用。
＊スクランブルエッグは、有精卵に塩、牛乳を加え、炒めたもの。
＊ラディッシュは葉をつけたまま塩ゆでし、縦に2等分する。

1　バゲットにベシャメルソースをぬる。
2　ペッパーシンケンをのせ、その上にスクランブルエッグをのせる。
3　ラディッシュを置き、塩をふり、チェダーチーズのスライスをのせる。
4　オーブンで焼き上げ、オリーブ油をふる。

有機ネギとブルーチーズのタルティーヌ

青ネギをこれでもかとのせた、ネギの時期限定の季節感あふれるタルティーヌ。
香ばしく焼くことで甘みを引き出し、チーズやベーコンの塩気とのバランスをとる

パンデュース

材料
バゲット（14cm×4.5cm×2cm）　1切れ
ベシャメルソース　大さじ1
ゴルゴンゾーラチーズ　少量
ベーコン　1枚
青ネギ　3〜4本
パルミジャーノチーズ　大さじ1
塩　適量
コショウ　適量
オリーブ油　適量

＊バゲットは天然酵母（ルヴァン種）を使った、
コクのあるバゲット・ルヴァンを使用。

1　バゲットにベシャメルソースをぬる。
2　ゴルゴンゾーラチーズを小さくちぎって散らす。
3　ベーコンをのせ、ざく切りにした青ネギをたっぷりとのせる。
4　塩、コショウをする。
5　パルミジャーノをふり、オーブンで焼き色がつくまで焼く。オリーブ油をふる。

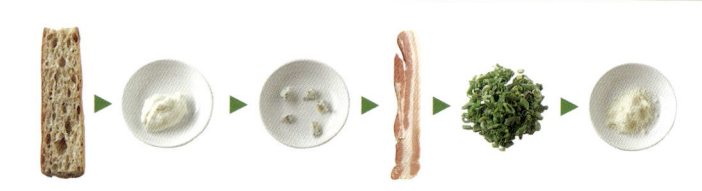

Alsace（アルザス）

豚バラ肉をじっくりと煮上げて作った自家製シュークルートと
ソーセージを炒めた、ボリュームたっぷりのタルティーヌ

エスパス・ブルディガラ

材料
パン（15cm×7cm×1cm）　2枚
シュークルート　100g
ソーセージ（斜め切り）　1本
タイム、ローズマリー（みじん切り）　適量
ジュニパーベリー（みじん切り）　適量
コルニション　適量
イタリアンパセリ　適量
粒マスタード　適量

*パンは「マルシャン・ド・ヴァン」というオリジナルのパンを使用。ライ麦粉を混ぜて焼き上げた、少し酸味のあるもっちりとした触感が特徴。肉によく合うパン。

*シュークルート（分量は作りやすい量）は、豚バラ肉の塊150gに塩、コショウをして一晩おく。フライパンを熱し、表面に焼き目をつける。タマネギ（スライス）1個分、ベーコン（短冊切り）200gを炒め、ザワークラウト500gを混ぜ、豚バラ肉を包み込む。酢（白ワイン酢とシェリー酢）80ml、白ワイン200ml、ノワイー酒100ml、パセリの茎、ローリエ、ジュニパーベリー、タイムを入れて75分間ほど煮込んだもの。

1　パンの両面を焼いておく。
2　シュークルートとソーセージをフライパンで炒め、タイム、ローズマリー、ジュニパーベリーを入れる。
3　2を1枚のパンに盛る。上にコルニションとイタリアンパセリをのせ、もう1枚のパンを添える。
4　粒マスタードを添える。

生ハムとルーコラのタルティーヌ

生ハムとルーコラという定番の組合せに、粗みじんに切ったトマトと
アンチョビー、ローストしたクルミを合わせて、食べ飽きない一皿に

パティスリーマディ

材料
リュスティック（14cm×7cm×1cm）　2枚
マスタードソース　適量
生ハム　2枚
トマトとアンチョビーのソース　大さじ2
ルーコラのサラダ　5〜6枚
クルミ　適量

＊マスタードソースは、生クリーム250gを沸かし、グリュイエールチーズ150gを入れて溶かしたら火を止め、ディジョンマスタード100gを加えたもの（分量は作りやすい量）。
＊トマトとアンチョビーのソースは、粗みじんに切ったトマトとアンチョビーを2対1の割合で合わせ、オリーブ油で和えたもの。
＊ルーコラのサラダは、ルーコラ5〜6枚をきざみ、ローストしたクルミ大さじ1と合わせる。ドレッシング（オリーブ油、白ワイン酢、粒マスタード、塩、コショウ）で和える。

1　リュスティックにマスタードソースを薄くぬる。円形になるように2枚を並べる。
2　パンからはみ出ないように生ハムを並べる。
3　トマトとアンチョビーのソースを薄くぬる。
4　ルーコラのサラダにクルミを混ぜ、中央にこんもりとのせる。

リエットとキャロットラペのタルティーヌ

ニンジンサラダとリエットは、どちらもフランスの定番のおそうざい。
風味豊かなシリアル入りのパンにのせた、ボリュームのある一品

パティスリーマディ

材料
シリアル入りパン（10cm×9cm×1cm） 2枚
グリーンサラダ　適量
ニンジンサラダ　1/3本分
リエット　スプーン2すくい分
アーモンド　適量
イタリアンパセリ　少量

＊シリアル入りパンは、ライ麦の生地にヒマワリの種、大麦、アマニを混ぜて焼いたパン。
＊グリーンサラダはサニーレタス、マーシュ、ルーコラ、トレヴィスを混ぜたもの。
＊ニンジンサラダは、水にさらしたニンジンのせん切りに塩をふり、しんなりしたらドレッシング（オリーブ油、白ワイン酢、粒マスタード、塩、コショウ）で和える。
＊リエットは、豚バラ肉に2％前後の塩をふり、しばらく置く。水気を拭き、白ワインで煮る。ニンニク、タマネギを入れたラードとクルミ油でコンフィにする。油を漉して冷ます。バラ肉と野菜をミキサーにかけ、冷めた油を少しずつ加えて仕上げる。

1　シリアルパンにグリーンサラダを敷く。
2　ニンジンサラダをのせ、スプーンでだ円形に抜いたリエットをのせる。
3　リエットに砕いたアーモンドを散らし、イタリアンパセリをのせる。

Landes (ランド)

フランス・ランド産のフォワグラをのせた、リッチなタルティーヌ。
フォワグラの旨みをたっぷり含んだアンディーヴのほろ苦さがワインとよく合う

エスパス・ブルディガラ

材料
グラハムパン（15cm×6cm×1.5cm）　2枚
アンディーヴ（縦にせん切り）　2枚
サヤインゲン　3本
パセリ（みじん切り）　適量
エシャロット（みじん切り）　適量
フォワグラ　50g
クレソン　適量
塩　適量
コショウ　適量
オニオンドレッシング　適量
キャラメルソース　適量

＊サヤインゲンは塩ゆでする。
＊キャラメルソースは、ハチミツと砂糖を合わせて火にかけ、茶色く色づいてきたら色止めにオレンジジュースを適量加える。仕上げに黒コショウを多めにふる。

1　グラハムパン2枚の両面を焼く。
2　フォワグラに塩、コショウをする。フライパンにフォワグラとアンディーヴを入れて、フォワグラから出てくる脂で炒める。この脂をアンディーヴに含ませる。
3　フォワグラにほどよく火が通ったら取り出し、ゆでたサヤインゲンを入れて、みじん切りのパセリとエシャロット、オニオンドレッシングを加えて炒める。
4　グラハムパンの上にアンディーヴとサヤインゲンのソテーを盛る。
5　上にフォワグラのソテーをのせ、キャラメルソースをたらす。
6　クレソンをのせて、もう1枚のグラハムパンを立てかける。

ローストチキンと舞茸のタルティーヌ

ジャガイモのローストにチキンとアスパラガスをのせた、ボリュームたっぷりのタルティーヌ。隠し味に醤油を加えたマイタケのソースが味のポイント

パティスリーマディ

材料
ソバ粉入りパン（16cm×6.5cm×1cm）　1枚
ジャガイモのロースト　5枚
グリュイエールチーズ　大さじ1
鶏のロースト　3切れ
アスパラガス　3本
マイタケのソース　大さじ2
パセリ　適量

＊ジャガイモのローストは、厚さ3mmにスライスし、オリーブ油、塩、コショウ、ニンニクでマリネしたジャガイモをアルミ箔で包み、オーブンで焼く。
＊鶏のローストは、鶏胸肉をオリーブ油、ローズマリー、タイムでマリネし、オーブンで焼いたもの。厚さ1cmにスライスする。
＊アスパラガスは穂先のほうを塩ゆでしておく。
＊マイタケのソースは、ブール・ノワゼット（焦がしバター）にドライトマトのペースト、レモン果汁、グリーンペッパー、醤油を加えて沸かし、マイタケを入れてさっと火を通したもの。

1　ソバ粉のパンにジャガイモのローストを並べる。
2　グリュイエールチーズをふり、チーズが溶けるまでオーブンで焼く。
3　鶏のローストを並べ、間にアスパラガスを置く。
4　マイタケのソースをかけ、パセリを散らす。

Perigord（ペリゴール）

生クリームを加えた卵に、ペリゴール地方名物の黒トリュフを入れたオムレツのタルティーヌ。
オムレツは薄い膜が1枚できたら、トロリとした状態ですぐにパンにのせるのがポイント

エスパス・ブルディガラ

材料
グラハムパン（15cm×6cm×1.5cm）　2枚
卵　2個
生クリーム　15g
黒トリュフ（みじん切り）　少量
バター　小さじ1
塩　適量
イタリアンパセリ　適量

1　卵を割りほぐし、生クリームと黒トリュフを加えてよく混ぜる。塩で味をととのえる。グラハムパンを焼いておく。
2　フライパンにバターを入れて火にかける。バターが溶けたら1を注ぎ入れ、フォークなどで混ぜながら焼く。
3　底に薄い膜が1枚できたら火から下ろし、グラハムパンの上に盛る。イタリアンパセリを散らし、上にグラハムパン1枚を立てかける。

オイルサーディンのタルティーヌ

オイルサーディンにネギとスモークチーズを組み合わせた個性的なタルティーヌ。力強い風味をマッシュポテトが和らげる

パンデュース

材料
パン・オ・ルヴァン（9cm×8cm×1cm）　1枚
ベシャメルソース　大さじ1
マッシュポテト　大さじ3
ネギ（小口切り）　1/2本分
スモークチーズ（さいの目）　約15個
オイルサーディン　2尾
パルミジャーノチーズ　大さじ1
塩　適量
コショウ　適量
オリーブ油　適量

＊パン・オ・ルヴァンは、天然酵母を使って焼いた素朴なパン。
＊マッシュポテトは蒸したジャガイモを粗めにつぶしたもの。

1　パン・オ・ルヴァンにベシャメルソースをぬる。
2　マッシュポテトをのせ、平らにする。
3　ネギを半分ほどのせ、さいの目に切ったスモークチーズを散らす。
4　オイルサーディンをのせ、残りのネギを散らす。
5　塩、コショウをし、パルミジャーノチーズをふってオーブンで焼く。
6　香りづけにオリーブ油をふりかける。

アボカドシュリンプのタルティーヌ

たっぷりのせたアボカドとシュリンプに、カリカリに焼いたベーコンをのせて触感のアクセントに。黒コショウをきかせて食べやすく

パティスリーマディ

材料
パン・ド・カンパーニュ（18cm×7cm×1cm）　1枚
アボカド・シュリンプ　200g
ベーコン（スライス）　1枚
マッシュルーム　1½個
パセリ　適量
オリーブ油　適量

＊アボカド・シュリンプは、アボカド½個をつぶし、水にさらしたタマネギのみじん切り¼個を混ぜる。トマトのみじん切り¼個、芝エビの塩ゆで50gを混ぜ、マヨネーズ、塩、コショウで調味する。
＊ベーコンはカリカリに焼き、黒コショウをふる。
＊マッシュルームはバターでソテーし、塩、コショウをする。

1　パン・ド・カンパーニュにオリーブ油をふり、トーストする。
2　アボカド・シュリンプをのせ、平らに広げて高さをととのえる。
3　カリカリベーコンをのせ、マッシュルームを置く。
4　パセリを散らす。

サーモンのムースとアンディーヴのタルティーヌ

たっぷりのせたサーモンのムースは、豆腐を加えることで軽い味わいに。
厚めにスライスしたトマト、アンディーヴで爽やかさをプラス

パティスリーマディ

材料
ライ麦パン（11cm×8.5cm×1cm）　2枚
トマト（スライス）　2枚
マーシュ　適量
アンディーヴ　2枚
サーモンのムース　スプーン2すくい分
ケイパー　2個
ディル　2枝

＊サーモンのムースは、クリームチーズ、豆腐、スモークサーモンを1：2：1の割合で合わせ、ミキサーにかける。生クリームを加えてなめらかにし、少量のゼラチンを加えて軽く混ぜる。塩、コショウで調味し、シブレットを混ぜる。

1　ライ麦パンを2枚並べ、トマトのスライスをのせる。
2　アンディーヴをのせ、その中にサーモンのムースを置く。
3　ムースにケイパーとディルをのせ、トマトの横にマーシュを飾る。

Sicile（シチリア）

**カジキマグロなどマグロをよく食べるシチリアをイメージしたサンドイッチ。
マグロのホホ肉は、ハーブと油で一晩マリネし、味をなじませてから用いる**

エスパス・ブルディガラ

材料
全粒粉のパン（11cm×8cm×2cm）　2枚
サニーレタス　適量
マグロホホ肉のソテー　100g
オリーブ油　適量

＊パンは全粒粉の生地を使った自家製の「ホールウィートブレッド」を使用。
＊マグロホホ肉のソテーは、マグロのホホ肉1kgをニンニク風味の油、タイム、ローリエで一晩マリネする。翌日マグロをソテーして角切りにし、トマト（角切り）3個分、ゆで卵（みじん切り）3個分、紫タマネギ（角切り）1/2個分、フェタチーズ75g、ケイパー20g、レモンの搾り汁1/2個分、塩、コショウ、オリーブ油、パセリ（みじん切り）を各適量加えて混ぜる。冷蔵庫で3〜4日保存可能。

1　パンは両面をこんがりと焼く。
2　1を半分に切って並べ、サニーレタスを敷いてマグロホホ肉のソテーを50gずつ盛る。
3　もう半分のパンを立てかけるようにして添える。
4　仕上げにオリーブ油をかける。

Bourgogne (ブルゴーニュ)

ツブ貝と5種のキノコをエスカルゴバターで香ばしくソテーし、
薄切りのトーストの上にたっぷりと盛った1品。ワインによく合うタルティーヌ

エスパス・ブルディガラ

材料
パン（15cm×7cm×0.5cm）　2枚
エスカルゴバター　40g
ケイパー　13粒
ペルノー酒　5mℓ
5種のキノコのソテー　30g
ツブ貝（角切り）　60g
サヤインゲン　2本
プティトマト　2個
ディル、イタリアンパセリ　各適量
レモン　適量

＊パンは149ページ参照。半分に切る。
＊エスカルゴバターは、無塩バター200gを練り、パセリ（みじん切り）50g、エシャロット（みじん切り）100g、ニンニク（みじん切り）10gを混ぜ込み、塩5gを加えて味をととのえたもの。
＊5種のキノコのソテーはマッシュルーム、シイタケ、シメジ茸、エリンギ茸、マイタケを適当に切り、サラダ油でソテーし、塩、コショウで味をととのえる。

1　パンの両面をカリカリに焼く。
2　エスカルゴバターをフライパンに入れて熱し、溶けたらケイパーを入れて、軽く焦げめがつくまで炒める。
3　ペルノー酒を注いでアルコールをとばし、5種のキノコのソテー、ツブ貝、ゆでたサヤインゲン、プティトマトを炒め合わせる。
4　パンを皿に並べ、3を盛る。
5　ディルとイタリアンパセリをのせ、レモンを添える。

トム・ド・サヴォワチーズのタルティーヌ

**主役はフランス・サヴォワ地方のチーズ「トム・ド・サヴォワ」。
バターと生クリームで炒めたタマネギとジャガイモとともに味わうコクのあるタルティーヌ**

ブランジュリ タケウチ

材料
パン・ド・カンパーニュ（30cm×8cm×1cm）　1枚
ジャガイモとタマネギのソテー　右記*の分量全部
トム・ド・サヴォワチーズ　2枚
パルミジャーノチーズ　適量
クルミ　10片
オリーブ油　適量
黒コショウ　適量

＊ジャガイモとタマネギのソテーは、バターで炒めたタマネギ（スライス）1/2個と蒸したジャガイモ1個（スライス）を一緒に炒め、生クリーム25mlを加えて煮る。塩、コショウで仕上げる。
＊トム・ド・サヴォワはフランス・サヴォワ地方の非加熱圧搾タイプのチーズ。表皮を切り落として5mmの厚さにスライスする。
＊クルミはローストしたものを使用。

1　パン・ド・カンパーニュにジャガイモとタマネギのソテーをたっぷりのせ、端までまんべんなく行き渡らせる。
2　トム・ド・サヴォワをちぎって散らす。
3　オリーブ油をふり、パルミジャーノを軽くまぶす。
4　250℃のオーブンで4分間ほど焼き、4つに砕いたクルミを散らす。
5　黒コショウをたっぷりとふり、オリーブ油をたらす。

Paris（パリ）

ベシャメルソースと美しく並んだマッシュルームとデュクセル、チーズの取り合わせが絶妙な、
女性に人気のクロックムッシュ風オープンサンドイッチ

エスパス・ブルディガラ

材料
パン（15cm×7cm×1.5cm）　2枚
ベシャメルソース　大さじ2
デュクセル　8g
グリュイエールチーズ（細切り）　15g
マッシュルーム（厚めのスライス）　2個
パセリ（みじん切り）　適量
オニオンドレッシング　適量
クレソン　適量
エリンギのチップ　2枚
フルール・ド・セル　適量

＊パンは149ページ参照。
＊ベシャメルソースは、バター100gを熱して溶かし、小麦粉100gを入れて弱火でじっくりと焦がさないように炒める。粉に火が通ってサラサラしてきたら、温めた牛乳1ℓを注ぎ入れ、ダマにならないようによく混ぜる。濃度がついてきたらでき上がり。
＊デュクセルは、マッシュルーム（みじん切り）270gとタマネギ（みじん切り）½個分をバター大さじ2で炒め、水分がなくなったらノワイー酒を注ぎ、塩、コショウで調味して煮詰める。
＊エリンギのチップは、エリンギ茸を縦に薄切りにし、低温のオーブンでカリカリに乾燥させる。

1　パンの両面を焼く。ベシャメルソースをぬり、デュクセルを一面に散らす。

2　グリュイエールチーズを散らし、サラマンダーで溶けるまで焼く。

3　マッシュルームをきれいに並べて、フルール・ド・セル、パセリを散らし、オニオンドレッシングをかける。

4　サラマンダーでマッシュルームに火を通し、クレソン、エリンギのチップをのせて、パンを立てかける。

サンドイッチを包む② >>>切り口を見せる

サンドイッチを食べやすい大きさに切り分けてから包む場合、その切り口を見せて具材の内容を示しつつ、おいしさもアピールしたい。その際に使うのは、ラップ紙やビニールなどの透明な包材。お店によっては、サンドイッチの形状に合わせ、オリジナルの包材を用意しているところもある。テイクアウト用のサンドイッチは、持ちやすさも大切なポイント。

ベーグルなど形がしっかりしたパンは、しっかり包んでもつぶれにくい。袋に入れる前にラップ紙で包んでおくと型崩れも防げる。

上の写真は具材がこぼれにくく、ボリューム感も伝わる例。下はコンパクトで持ち運びにも便利。

ティーサンド

for tea time

イギリス発祥の、ティータイムに手でつまむサンドイッチ。
柔らかな食パンで薄くスライスした具材を挟むのが基本。
日本でおなじみの三角サンドもティーサンドととらえ、
生クリームたっぷりのおやつサンドイッチも併載した。

基本のサンドイッチ >>> ミックスサンド　　　　　　　　　　　　　　　　指導：赤トンボ

ミックスサンドウィッチ

一口で食べられるサイズの上品なサンドイッチ。ローストビーフ、野菜、ボンレスハム、卵サラダと定番の具材を組み合わせた人気の一品。少々切りにくいが、しっとり柔らかなパンを使うことがポイント。この柔らかさを保つために、テイクアウト用は4種を一切れずつセットにしてビニールの小袋に詰めて提供する。

材料
[ローストビーフ]
食パン　2枚
ローストビーフ（厚さ3mm）　1枚
塩、コショウ　各少量
ドミグラスソース　適量
[野菜]
食パン　2枚
キュウリ（厚さ3mm）　6枚
トマト（厚さ2mm）　3〜4枚
レタス　1枚
塩、コショウ　各少量
マヨネーズ　5g
[ボンレスハム]
食パン　2枚
ボンレスハム（厚さ3mm）　1枚
マヨネーズ　5g
[卵サラダ]
食パン　2枚
卵サラダ　70g

＊食パンは、1本を40枚切りにしたものを使用。1枚の大きさは12cm×11cm×0.8cm。
＊ローストビーフは、6〜7kgのリブロースの塊をアルミ箔で包み、180℃のオーブンで5時間ほど焼く。粗熱を取り、肉が落ち着いたら、食パンのサイズに合わせて成形しておく。
＊卵サラダは、かたゆで卵を作り、殻をむいて、ごく薄くスライスする（みじん切りにすると、口の中に粒が残るので、スライスする）。卵1½個に対してマヨネーズ15gを加え、塩、コショウ各少量をふってよく混ぜる。

[ロゼストビーフ]

1 ローストビーフを3mm厚さにスライスする。

2 余分な脂やスジなどを切り落とす。

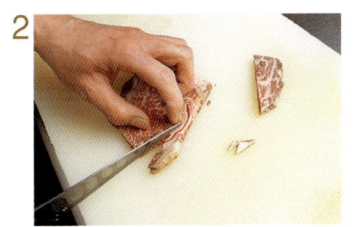

3 食パンの大きさに合わせて、ローストビーフをぴったりと並べて、塩、コショウをふり、ドミグラスソースをぬる。食パンを重ねる。

3 もう1枚のパンにマヨネーズをぬる。

4 上からパンを重ねる。ローストビーフのサンドイッチの上に重ねる。

[ボンレスハム]

1 食パンに、ボンレスハムを1枚のせる。もう1枚のパンにマヨネーズをぬり、上から重ねる。野菜のサンドイッチに重ねる。

3 上からパンを重ねる。ボンレスハムのサンドイッチの上に重ねる。

[仕上げ]

1 重ねた4種のサンドイッチの上にぬれ布巾をかけて5～10分間ほどおいて落ち着かせる。

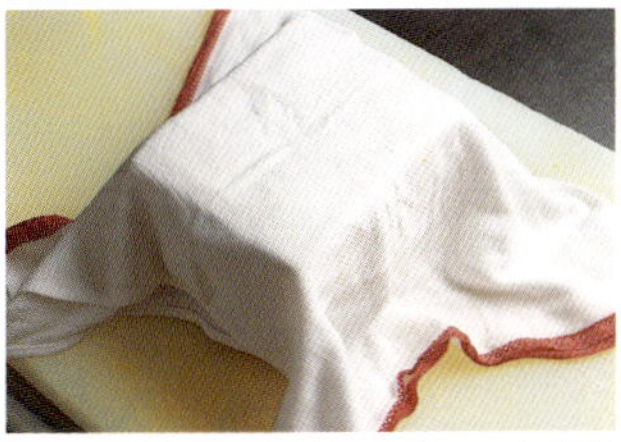

2 包丁の刃を大きく使いながら耳を切り落とす。刃渡りの長い包丁を使うとよい。

[野菜]

1 キュウリはパンの幅に揃えてスライスし、少しずつ重ねながら並べる。トマトは種をきれいに除いて、スライスにし、キュウリの上に並べる。

2 塩、コショウをふり、レタスを重ねる。

[卵サラダ]

1 卵サラダはゆで卵を薄くスライスし、マヨネーズ、塩、コショウで薄めに味をつける。

2 卵サラダを食パンの上に敷き詰める。

3 まず縦半分に切る。

4 切り口を上に向けて、3等分に切る。残り半分も同様に切る。

野菜 165

定番のサンドイッチ >>> 生クリームサンド　　　　　　　　　　　　　　　指導：メルヘン

ココアクッキー／バタークッキー

生クリームをたっぷり挟んだサンドイッチは、老若男女問わず人気の一品。ここで紹介するのは、しっとりと柔らかな生クリームとパンに、カリカリのクッキーを挟んだ新鮮な歯ごたえのサンドイッチ。三角形に切った時に、切り口がきれいにみえるようなクッキーの並べ方がポイント。

材料
食パン（10.5cm×10.5cm×1cm）　4枚
ホイップクリーム　80g
ココアクッキー　1枚
バタークッキー　1枚

＊食パンはあらかじめ耳を切り落としておく。上記は耳を落としたサイズ。
＊ホイップクリームは、生クリームに砂糖とヴァニラエッセンスを加えて完全に泡立てる。砂糖は控えめに。

1 ホイップクリームは、分離する直前まで完全に固く泡立てる。

2 ナイフでクッキーを4等分に切り、1切れだけはさらに半分に切る。

3 食パン1枚にホイップクリーム20gをぬる。木ベラの丸みのある側を使い、平らにぬる。

4 写真のようにクッキーを並べる。対角線上に4等分にしたものを並べ、両脇に残りの2切れを置く。

5 もう1枚の食パンにホイップクリーム20gを平らにぬり、4の上に重ねる。

6 クッキーの間にホイップクリームが入り込み、位置が安定するよう、手のひらで静かに押す。

7 対角線上に並べたクッキーの上に包丁を入れて、三角形に切る。クッキーが固いので、崩れないように力を加減して、ひと息で切り分ける。

8 写真のように切り口にきれいにクッキーが並んだ状態に切り分ける。

9 バタークッキーも2と同様に4等分にし、そのうち1切れをさらに半分に切る。

10 生クリームをぬったパンに、写真のようにクッキーを並べる。

11 残りのパンにも生クリームをぬり、重ねる。クッキーをのせた上に包丁を置き、ひと息で切り分ける。

野菜 167

サーモン・カマンベール入りチーズのサンドウィッチ

サーモンとチーズの組み合わせ。脂ののったサーモンを
すっきりと食べるため、レモンの爽やかな酸味をきかせたマヨネーズを合わせる

赤トンボ

材料
[サーモン]
食パン（12cm×11cm×0.8cm）　2枚
スモークサーモン（スライス）　3枚
サーモン用マヨネーズ　5g
[チーズ]
食パン（12cm×11cm×0.8cm）　2枚
クリームチーズ　10g
カマンベール入りチーズ（スライス）　1枚

＊サーモン用マヨネーズは、マヨネーズに適量の薄切りのタマネギとみじん切りのケイパー、多めのレモンの搾り汁を混ぜる。
＊カマンベール入りチーズは、プロセスタイプのスライスチーズを使用。

1　サーモンのサンドウィッチを作る。食パン1枚にスモークサーモンを重ならないよう、一面に敷き詰める。
2　もう1枚のパンにサーモン用マヨネーズを薄く均一にぬる。
3　チーズのサンドウィッチを作る。食パン1枚にクリームチーズを薄く均一にぬる。
4　上にカマンベール入りチーズをのせる。
5　もう1枚のパンにもクリームチーズを薄く均一にぬり、上に重ねる。
6　サーモンとチーズのサンドウィッチを1組ずつ重ね、ぬれ布巾をかぶせて5〜10分間ほどおいてなじませる。
7　耳を切り落とし、縦半分に切る。切り口を上に向けて、食べやすいよう、さらに三等分に切り分ける。

海老唐揚げのサンドウィッチ

薄い衣をまとった軽い口当たりの海老唐揚げを甘酸っぱいチリソース味が引き締める。
すぐに提供する時は揚げたての熱々を、テイクアウトにする時には、粗熱をとってから作る

赤トンボ

材料
食パン（12cm×11cm×0.8cm）　4枚
海老唐揚げ　12尾
マヨネーズ　20g
チリソース　16g

＊海老唐揚げは、溶き卵1/2個にコーンスターチ15gを混ぜ、天ぷら衣くらいの固さの衣を作る。小エビは背ワタを抜き、塩、コショウをふって衣にくぐらせ、180℃に熱した揚げ油でさっと揚げる。しっかりと油をきり、粗熱をとる。

1　食パン2枚の片面にマヨネーズを薄く均一にぬる。
2　海老唐揚げを横半分に切り、重ならないようにパン一面に敷き詰める。
3　もう2枚のパンには辛みの少ないチリソースを薄く均一にぬる。
4　2組を重ね、ぬれ布巾をかぶせて5〜10分間ほどおき、なじませる。
5　耳を切り落とし、縦半分に切る。切り口を上に向けて、食べやすいようさらに三等分に切り分ける。

カニのベシャメルサンドウィッチ

**予約限定で作る手間をかけたサンドイッチ。カニのベシャメルソースは固めに作り、
さらに冷蔵庫に一晩おいて固く締めてから使う。切り分ける前にも冷やすときれいな切り口に**

赤トンボ

材料
食パン（12cm×11cm×0.8cm）　4枚
カニのベシャメル　140g（70g×2組）

*カニのベシャメルは、固めに作ったベシャメルソース（バターで強力粉を粉気が抜けるまでよく炒めてルゥを作る〈バター4対強力粉6〉。ルゥの約4倍の牛乳を加えてのばす）を1kg用意する。タマネギ200gとマッシュルーム40gのスライスを、バターでしんなりと炒め、カニ120gを入れて、白ワイン、塩、コショウ、パルミジャーノチーズ、ナツメッグで味をととのえる。これをベシャメルソースに混ぜて、冷蔵庫で一晩おく。

1　カニのベシャメルはよく混ぜてなめらかにする。食パン2枚にカニのベシャメルを均等な厚さにぬる。
2　もう2枚の食パンを重ねる。
3　2組のサンドイッチを重ね、ラップ紙に包む。冷蔵庫で30分間ほど休ませてベシャメルを引き締める。この時間をおかないと、切り口がきれいに仕上がらない。

4　取り出してラップ紙をはずし、縦半分に切る。切り口を上に向け、それぞれを3等分に切り分ける。

フルーツスペシャル

**フルーツを大きく使ってボリューム感を出したフルーツサンドイッチ。
フルーツの位置を安定させるために、ホイップクリームはたっぷりと多めに使うのがポイント**

メルヘン

材料
食パン（10.5cm×10.5cm×1cm）　2枚
ホイップクリーム　40g
イチゴ　大1個
バナナ　1/3本
キウイ（スライス）　1枚

＊ホイップクリームは、166ページ参照。
＊キウイは1.5cmの厚さに切る。

1　分離する直前まで固く泡立てたホイップクリームを1枚の食パンにぬる。パンの中央が高くなるよう、こんもりとぬる。

2　食パンの対角線上にイチゴ、バナナ、キウイを並べる。

3　残りの食パンにホイップクリームをぬる。中央が高くなるようにぬって、2の上に重ねる。

4　クリームがフルーツ類の間に入り込むよう、手のひらで押して、安定させる。

5　断面にフルーツがきれいに並ぶように三角形に切り分ける。

甘夏

フレッシュな甘夏を挟んだ人気の定番メニュー。
ホイップクリームにジューシーで甘酸っぱい甘夏がよく合う

メルヘン

材料
食パン（10.5cm×10.5cm×1cm）　2枚
ホイップクリーム　40g
甘夏　4袋分

＊ホイップクリームは、166ページ参照。
＊甘夏は皮をむき、袋から実を取り出す。

1　分離する直前まで固く泡立てたホイップクリームを、食パンにぬる。パンの中央が少し高くなるよう、こんもりとぬる。
2　食パンの対角線上に、甘夏4個を同じ向きに並べる。
3　もう1枚の食パンにホイップクリームをぬる。中央が少し高くなるようにぬって、2の上に重ねる。

4　手のひらで押して、クリームと甘夏をなじませる。
5　甘夏の断面がきれいに見える向きに切り分ける。テイクアウト用はこの状態で包むが、ここではさらに半分に切り分ける。1回切るごとに、ナイフについたホイップクリームをきれいに拭くこと。

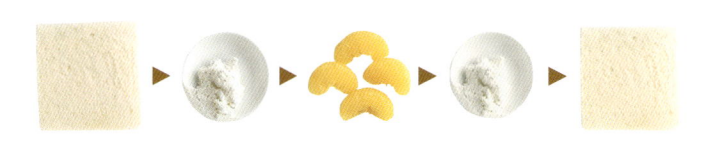

バナナショコラ

ホイップクリームの中にココアクリームとチョコレートシロップをざっくり混ぜ込み、
マーブル状のクリームに仕上げるのがポイント。バナナは切り口がきれいに見えるように並べること

メルヘン

材料
食パン（10.5cm×10.5cm×1cm） 2枚
ショコラホイップ 40g
バナナ ½本

＊ショコラホイップは、ホイップクリーム（166ページ参照）に対して8割のココアクリーム（ホイップクリームにココアパウダーを適量混ぜたもの）、チョコレートシロップ（ココアクリームの2割量）をマーブル状にざっくりと混ぜたもの。

1　分離する直前まで固く泡立てたホイップクリームでショコラホイップを作り、1枚の食パンにぬる。端のほうが低くなるようにぬるとよい。
2　縦半分に切ったバナナを3等分する。パンの対角線上にバナナを垂直に並べる。
3　もう1枚の食パンに同じ要領でショコラホイップを平らにぬり、2に重ねる。
4　手のひらで軽く押して、ショコラホイップとバナナをなじませる。
5　三角形に切り分ける。

フレッシュブルーベリー

**ブルーベリージャムと生のブルーベリーを使ったクリームサンド。
ジャムの甘さとのバランスを考え、甘めのジャムの場合はホイップクリームを増やすようにする**

メルヘン

材料
食パン（10.5cm×10.5cm×1cm）　2枚
ホイップクリーム　30g
ブルーベリー（フレッシュ）　約5粒
ブルーベリージャム　40g

＊ホイップクリームは166ページ参照。

1　分離する直前まで固く泡立てたホイップクリームを食パンにぬる。パンの中央が高くなるよう、こんもりとぬる。
2　食パン1枚の対角線上にフレッシュのブルーベリーを並べる。
3　残りの食パンにブルーベリージャムを中央が高くなるようにぬり、2の上に重ねる。
4　手のひらで押して、クリームとジャムをなじませる。
5　ブルーベリーの断面がきれいに見えるように切り分ける。テイクアウト用はこの状態で包むが、ここではさらに半分に切り分ける（1回切るごとにナイフをきれいに拭く）。ブルーベリーはあらかじめ挟まずに、半分に切ったものを後から切り口に埋め込んでもよい。

ラムレーズン

ダークラムに3ヵ月以上漬けた香り豊かなラムレーズンを、好みで量を加減して加える。
ホイップクリームに色がにじまないよう、しっかりラム酒をきってから使用する

メルヘン

材料
食パン（10.5cm×10.5cm×1cm）　2枚
ホイップクリーム　40g
ラムレーズン　20〜25粒

＊ホイップクリームは166ページ参照。
＊ラムレーズンは、容器にレーズン（ドライ）を入れ、ダークラムをたっぷりと注いで最低3ヵ月間漬け込む。

1　分離する直前まで固く泡立てたホイップクリームを食パン1枚にぬる。パンの中央が少し高くなるように木ベラでぬる。
2　ラム酒を充分にきったラムレーズンをパンの中央に散らす。あまり端のほうまでは散らさない。
3　もう1枚の食パンに、ホイップクリームを中央が少し高くなるようにぬって、2の上に重ねる。
4　手のひらで軽く押して、クリームとラムレーズンをなじませる。
5　三角形に切り分ける。テイクアウト用はこの状態で包むが、ここではさらに半分に切り分ける。1回切るごとにナイフをきれいに拭く。

ティーサンド

スイートポテト

サツマイモをふかして、少量の砂糖を加えて練り上げた
自然のままの甘さのスイートポテトとホイップクリームを組み合わせた1品

メルヘン

材料
食パン（10.5cm×10.5cm×1cm）　2枚
ホイップクリーム　20g
スイートポテトペースト　40g

＊ホイップクリームは、166ページ参照。
＊スイートポテトペーストは、サツマイモを蒸して皮をむき、裏漉しする。少量の砂糖を加えて火にかけてなめらかに練り上げる。

1　分離する直前まで固く泡立てたホイップクリームを、食パン1枚に平らにぬる。
2　もう1枚の食パンにスイートポテトペーストをぬる。中央が高くなるようにぬって、1の上に重ねる。
3　手のひらで軽く押して、クリームとペーストをなじませる。
4　三角形に切り分ける。テイクアウト用はこの状態で包むが、ここではさらに半分に切り分ける。1回切るごとにナイフについたホイップクリームをきれいに拭く。

おぐら生クリーム

有機栽培の小豆を使った甘さ控えめのつぶし餡と、ホイップクリームを合わせた人気メニュー。
甘い餡を使う場合は、ホイップクリームの量も増やしてバランスをとる

メルヘン

材料
食パン（10.5cm×10.5cm×1cm）　2枚
ホイップクリーム　30g
つぶし餡　40g

＊ホイップクリームは、166ページ参照。

1　分離する直前まで固く泡立てたホイップクリームを、1枚の食パンにぬる。パンの中央が高くなるよう、こんもりとぬる。
2　残りの食パンにつぶし餡を中央が高くなるようにぬり、1の上に重ねる。
3　手のひらで軽く押して、クリームと餡をなじませる。
4　三角形に切り分ける。テイクアウト用はこの状態で包むが、ここではさらに半分に切り分ける。1回切るごとにナイフをきれいに拭く。

パーティ用サンドイッチ

for party

片手で気軽につまめるサンドイッチは、
パーティで重宝するアイテム。
中をくり抜いたパンにサンドイッチを詰めたパーティカンパーニュ、
切り口がきれいなロールサンドイッチ、
彩り豊かなミニオープンサンドを紹介。

PLEASURE OF BREAD, PLEASURE OF MEAL,
PLEASURE OF LIFE.

定番のサンドイッチ >>> パーティ用サンドイッチ　　　　　　　　　　　　　　　　指導：青山アンデルセン

パーティカンパーニュ

しっかりクラストを焼き込んだ大きなカンパーニュの中をくり抜いて、サンドイッチをぎっしり詰め込んだパーティ用のメニュー。種類の違うパンで作った8種類のサンドイッチを盛り込んでおり、蓋を開けた時の驚きにあふれる商品。蓋をするので形も崩れにくく、また、乾きにくいので手土産にも最適だ。1個で3〜4人分。

材料
パン・ド・カンパーニュ
（28cm×28cm×13cm）　1個
バター　適量

[食パンのサンドイッチ]
食パン（12cm×11cm×0.9cm）　6枚
卵サラダ　50g
ハム（スライス）　3枚
ツナサラダ　50g
レタス　適量
マヨネーズ　適量

[全粒粉入り食パンのサンドイッチ]
全粒粉入り食パン（12cm×11cm×0.9cm）
　6枚
パストラミ（スライス）　30g
レタス　適量
マリボーチーズ（スライス）　4枚
トマト（半月切り）　8枚
キュウリ（スライス）　5枚
マヨネーズ　適量

[トレコンブロート]
トレコンブロート（6cm×8cm×0.9cm）
　8枚
クリームチーズ（スライス）　2枚
スモークサーモン（スライス）　6枚
シュリンプポテトサラダ　100g

＊卵サラダは卵を固ゆでにして、みじん切りにする。少量のキュウリ、ハムの角切りと混ぜ合わせ、マヨネーズ、塩、コショウで味をととのえる。
＊ツナサラダはツナ（缶詰め）をほぐし、油をしっかり絞ってからマヨネーズと混ぜ合わせる。
＊トレコンブロートは黒ゴマ入りの円柱形のパン。
＊シュリンプポテトサラダはジャガイモをゆで、皮をむいて角切りにする。ここにゆでて適宜に切ったエビを入れ、マヨネーズ、塩、コショウ加えてよく混ぜる。

1 刃渡りの長いパン用のナイフでパン・ド・カンパーニュの上のほうを切る。片手でパンを回し、切り始めの位置と最後の位置が合うよう、確認しながら切り進める。

2 蓋（切り取った部分）をはずす。

3 ペティナイフを使い、底の部分は切らないよう注意して、四方に切り込みを入れる。

4 パンの底まで手を入れて、切り込みの内側のパンを底からはがしていく。

5 パンをはがしたところ。

6 サンドイッチ用のパンを用意する。食パンと全粒粉入りの食パンには、片面にバターを薄くぬる。

7 食パンと全粒粉入り食パンを3枚ずつ並べ、写真のように具材をのせる。食パンには①卵サラダ（平らに広げる）、②ハム（ハム2枚を二つ折りにしてのせ、その上にレタスをおき、マヨネーズをかける。上からハム1枚を折らずにのせる）、③ツナサラダとレタス、をおく。全粒粉入りには①パストラミ（パストラミを重ねてのせ、マヨネーズをかけてレタスをのせる）、②マリボーチーズ（チーズ1枚、トマト4枚を重ね、マヨネーズをかけ、チーズを1枚のせる）、③野菜（キュウリ5枚、トマト4枚を重ね、マヨネーズをかける）をおく。上にそれぞれ食パンと全粒粉入り食パンを1枚ずつのせ、具を挟む。

8 トレコンブロート4枚にバターをぬり、2枚にはクリームチーズ1枚とスモークサーモン3枚を、残り2枚のパンにはシュリンプポテトサラダをのせる。残り4枚のパンで挟む。

9 食パンと全粒粉入り食パンのサンドイッチを重ね、パンの耳を切り落とす。

10 パンが崩れないように片手で押さえながら、サンドイッチを6等分に切る。トレコンブロートのサンドイッチはサイドのみ耳を切り落とし、半分に切り分ける。

11 切り分けたサンドイッチ。これをパン・ド・カンパーニュのくり抜いた部分に詰めていく。

12 写真のようにサンドイッチの向きを変えながら、彩りよく詰めていく。横4組、縦3組、計12組のサンドイッチを1段目に詰める。

13 2段目にも同様に詰める。トレコンブロートのサンドイッチは彩りのアクセントになるので、これをバランスよく配するようにするとよい。

14 蓋をかぶせ、リボンをかける。テイクアウト時は透明の袋に入れて包む。

パーティー用サンドイッチ 181

定番のサンドイッチ >>> パーティ用サンドイッチ　　　　　　　　　指導：メルヘン

ロールサンドイッチ

くるりとロール状に巻いたサンドイッチで作る、パーティサンドのバリエーション。手で食べやすく、切り口も美しいのでオードヴルとしても華を添える。ここでは3種の具材を使っているが、巻く時に芯になりやすい細長いものや、パンと一緒に巻き込める薄いものなら何でもロールサンドイッチの具材に応用できる。

材料
[海老フライサンド]
食パン（10.5cm×10.5cm×1cm）　1枚
エビフライ　1 1/2本
グリーンアスパラガス　1本
グリーンリーフ　1枚
カラシマヨネーズ　少量

[ハム・チーズサンド]
食パン（10.5cm×10.5cm×1cm）　1枚
チェダーチーズ（スライス）　1枚
ハム（スライス）　1枚
グリーンリーフ　1枚
カラシマヨネーズ　少量

[ゴボウサラダサンド]
食パン（10.5cm×10.5cm×1cm）　1枚
ゴボウサラダ　20g
大葉ジソ　1枚
カラシマヨネーズ　少量

＊食パンはあらかじめ耳を切り落とす。上記は耳を切り落としたサイズ。
＊エビフライは、エビの背ワタを抜き、薄力粉をまぶす。溶き卵にくぐらせて、パン粉をつけて180℃のサラダ油で揚げる。油をしっかりきり、冷ましてから使う。
＊グリーンアスパラガスは熱湯でゆでておく。
＊ゴボウサラダは、せん切りにしたゴボウとニンジンをおよそ8対2の割合で合わせ、歯ごたえを残すようにさっとゆでる。水気をしっかりきり、マヨネーズで和える。

［海老フライサンド］

1 食パンにカラシマヨネーズをぬり、広げたラップ紙にのせる。

2 パンの手前にグリーンリーフを広げ、エビフライ、ゆでたグリーンアスパラガスをパンの幅に揃えて切り、のせる。

［ハム・チーズサンド］

1 食パンにカラシマヨネーズを少量ぬり、手前にグリーンリーフを敷いて、チェダーチーズ、ハムを重ねる。

［ゴボウサラダサンド］

1 食パンにカラシマヨネーズを少量ぬり、手前に大葉ジソを敷いて、ゴボウサラダを芯になるように整えてのせる。

［仕上げ］

1 それぞれ、手前から食パンをくるくると巻く。

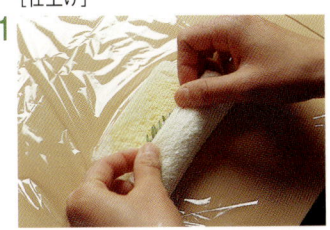

2 巻き終えたら、下に広げたラップ紙でぴったりと包む。

3 両端をねじってとめる。この状態で冷蔵庫で3〜4時間おいて味と形をなじませる。時間がない時は、食パンをきつめに巻くとよい。

4 ラップ紙ごと斜めに切る。

5 写真のように筒切りにするなど、具材や盛りつけに合わせて切り方を変えるとよい。ラップ紙をはずして盛りつける。

| 定番のサンドイッチ >>> パーティ用サンドイッチ | 指導：青山アンデルセン |

ミニオープンサンドイッチ

小型のパンにさまざまな具材をのせた、カナッペ風のミニオープンサンドイッチは、食べやすく見た目も楽しいスタイル。ここではライ麦パンの「プンパニッケル」とリーンな食パンに、5種の具材をいろどりよく盛りつけているが、他にも好みのパンと具材で作れば彩り豊かなオードヴルに。

レバーパテ
ニシンのマリネ
マリボーチーズ
マリネサーモン
甘エビ

レバーパテ（3個分）

プンパニッケル
（7.5cm×3.7cm×0.6cm）　3枚
バター　適量
豚レバーのパテ　30g
ベーコン（スライス）　2½枚
プティトマトのマリネ　1½個

＊レバーパテは豚レバーを1cm角に切り、臭み抜きに牛乳に浸ける。レバーを取り出して、背脂、タマネギ、マッシュルーム、ベーコンとともにフードプロセッサーにかけてなめらかにする。少量の牛乳、小麦粉、塩、オールスパイス、タイムなどを加えてさらに撹拌し、よく泡立てた全卵をさっくりと混ぜる。油をぬったテリーヌ型に流し入れ、アルミ箔で蓋をする。湯煎にし、160℃のオーブンで中に火が通るまで焼く。
＊ベーコンは半分に切って弱火にかけ、ベーコンから出た脂でじっくりとカリカリに焼く。
＊プティトマトのマリネはトマトを白ワイン酢に漬けたもの。

1　プンパニッケルに、バターをたっぷりぬる。
2　レバーパテをナイフで山のように高く盛り、ベーコンを立てて飾る。半分に切ったプティトマトのマリネをあしらう。

ニシンのマリネ（3個分）

プンパニッケル
（7.5cm×3.7cm×0.6cm）　3枚
バター　適量
ニシンのマリネ（そぎ切り）　6枚
ケイパー　約20粒
紫タマネギ
（輪切り、角切り）　適量

＊ニシンのマリネはニシンを三枚におろし、塩をふり、ディルの葉をまぶして白ワイン酢に丸1日漬ける。

1　プンパニッケルに、バターをたっぷりぬる。
2　上にニシンのマリネのそぎ切りを2切れのせ、ケイパーと角切りの紫タマネギを添える。輪切りの紫タマネギを最後に飾る。

マリボーチーズ（3個分）

プンパニッケル
（7.5cm×3.7cm×0.6cm）　3枚
バター　適量
マリボーチーズ（スライス）　3枚
赤・黄ピーマン（スライス）　各3枚
セルフイユ　適量

1　プンパニッケルに、バターをたっぷりぬる。
2　チーズをのせ、赤・黄ピーマンの輪切りを1枚ずつ重ねて、セルフイユを飾る。

マリネサーモン（3個分）

食パン
（7.5cm×3.7cm×0.6cm）　3枚
バター　適量
マリネサーモン（スライス）　6枚
レモン（くし形切り）　3切れ
ディルの葉　適量

＊マリネサーモンは、キングサーモンを3枚におろし、身の側にたっぷりの塩、砂糖、オールスパイス適量、ディルの葉を散らして冷凍庫に入れてマリネする。固く凍らせたものを解凍して使う。

1　食パンにバターをたっぷりぬる。
2　薄くスライスしたマリネサーモンをたたむようにしてのせ、レモンとディルの葉を添える。

甘エビ（3個分）

食パン
（7.5cm×3.7cm×0.6cm）　3枚
バター　適量
甘エビ（ボイル）　30個
レモン（くし形切り）　3切れ
セルフイユ　適量

1　食パンにバターをたっぷりぬる。
2　甘エビをきれいに並べて盛りつけ、レモンとセルフイユを添える。

PLUS ALPHA +α サンドイッチに使う パンリスト

サンドイッチによく使われるパンを集めました。どのサンドイッチにどのパンを使うか、とくに決まりはありません。パンのおいしさを伝えたいのか、具材を引き立たせたいのか。パン選びからサンドイッチ作りは始まっています。

バゲット

パリッとした皮とシンプルな味わいが特徴の、カスクルートなどフランスのサンドイッチに欠かせないパン。サンドイッチ用に20cmほどの長さに焼く店も多い。形の違いや上にゴマやケシの実をふるだけで味の印象が変わるので、具材に合わせて使い分けたい。

チャバッタ

「スリッパ」という意味を持つイタリアのパン。平らな形ともちっとした歯ごたえが特徴で、その形を生かしてサンドイッチやパニーノに使われる。バゲットのようなシンプルな味わいは、どんな具材にもよく合う。

リュスティック

発酵した生地を切り分けたら、成形せずにそのまま焼き上げるフランスのパン。固めの皮ともちっとした歯ごたえが特徴。粉の風味がストレートに感じられるシンプルな味わいで、ハムやチーズなど個性の強い具材にも合う。

パン・ド・カンパーニュ

いわゆる田舎パン。基本的に天然酵母を使って作られ、香ばしく焼き込んだ皮、しっとりしたクラム（中身）、ほのかな酸味が特徴。しっかりした味わいなので、サンドイッチには薄めにスライスして用いる。パンに負けない、力強い風味を持った具材を合わせたい。

バターロール

バターや牛乳などを加えて作るため、ふんわり柔らかく、誰にも食べやすいパン。砂糖が入るため、ほんのりと甘みがあり、チーズや卵などまろやかな素材ととくによく合う。

食パン（角食・山型）

柔らかく口どけのよい食パンは、最もなじみ深いサンドイッチ用のパン。形や大きさによって印象が変わるので、ティーサンドのように形を揃えたい時は角食、ラフな雰囲気を出したい時は山型など、適宜使い分けるとよい。

ライ麦パン

パン・ド・セーグル、ドイツパンのプンパニッケルなどはライ麦粉を使ったパン。ライ麦粉の割合が多くなるほど酸味が強く、ずっしり重いパンになる。風味が強いので、薄くスライスして使うのが基本。ハムやチーズなどを挟んだシンプルなサンドイッチに最適。

ブリオッシュ

卵やバターをたっぷり使った、黄色いクラムが特徴のリッチなパン。しっとりした口当たりと豊かな風味が特徴。フォワグラをはじめ、スモークサーモンなど濃厚な具材と相性抜群。

カイザーゼンメル

手のひらサイズのドイツの食事パンで、表面にふったゴマやケシの実が香ばしい。歯切れがよく、シンプルな味でどんな具材にもよく合う。横から2枚に切ってサンドイッチに。

ヴィエノワ

バターや砂糖、卵、牛乳を少量ずつ使ったセミハードタイプのパン。食パンに近い味わいで、適度な柔らかさがあり、誰にでも食べやすい。写真のように細長く焼くのが一般的で、包丁で切り込みを入れたところに具材を挟む。

クロワッサン

サクサクとした触感と、バターの豊かな風味が特徴。ハム、チーズ、アンチョビーなどさまざまな素材と相性がいいが、サクサク感が失われるため、水分の多い具材は不向き。

フォカッチャ

オリーブ油が入った生地で作るイタリアのパン。ソフトな口当たりで食べやすく、薄くのばした形はサンドイッチ向き。パニーノをはじめ、オープンサンドにもよく使われる。

ベーグル

焼く前に生地をゆでるベーグルは、独特のモチモチとした触感が特徴。油を使わないためヘルシーで女性に人気。クリームチーズとスモークサーモンのサンドイッチが有名。

ピタパン

中の空洞が特徴のピタは、中東のパン。空洞に具材を詰めてサンドイッチにする。味は淡白で、豆や野菜などとよく合う。現地ではファラフェル（豆のコロッケ）を挟むのが定番。

ラップ用パン

トルティーヤなど薄く焼いた生地に具材をのせ、クルクルと巻き込んだラップサンドは、ニューヨークなどで人気。具材を包みやすいよう、パン生地は薄い円形にのばして焼く。

イングリッシュマフィン

イングリッシュマフィンの特徴は、浅めに焼き上げた白っぽい色。サンドイッチにする際は、横から2枚に切り、野菜や卵などを挟む。軽くトーストするとパンの風味が引き立つ。

掲載店リスト　店舗の順番は五十音順になっています。

青山アンデルセン

東京都港区南青山5-1-26
電話／03-3407-4833
営業時間／ベーカリー7:30〜21:00　デリ＆サンドイッチバー8:00〜22:00
定休日／不定休（8月、正月など年に数日）

1970年東京・青山通りにオープン。2004年にリニューアルし、デンマーク風のモダンな建物に生まれ変わった。サンドイッチバー、ベーカリー、レストランとさまざまなスタイルでパンを楽しめる。サンドイッチバーでは、クラブハウスやハンバーガーなどの定番メニューをはじめサンドイッチ11種を提供。本書で紹介したパーティ用のサンドイッチの予約は、3日前まで受け付ける。レストランではデンマーク風オープンサンドイッチや、シチューや煮込みなどパンに合う料理も用意。

VIRON渋谷店

東京都渋谷区宇田川町33-8 塚田ビル1・2階
電話／03-5458-1770
営業時間／9:00〜22:00
定休日／無休

2003年に渋谷・東急本店の向かいにオープン。フランスの老舗製粉会社ヴィロン社と提携し、同社の粉を使ったパンや菓子を製造販売する。1階ではパンやサンドイッチ、ケーキを販売、2階はブラッスリーになっており、1階で焼いたパンはもちろん、フランスのビストロ料理が味わえる。サンドイッチは、バゲットやヴィエノワに、ハムやチーズ、そしてブラッスリーの厨房で自家製するパテなどを挟んだフランスの定番サンドイッチを常時17種類ほど用意。2006年には東京・丸の内のTOKIA内にもオープンした。

オーバカナル（大崎店は閉店）

紀尾井町店（写真左）
東京都千代田区紀尾井町4-1 新紀尾井町ビル
電話／03-5276-3422
営業時間／10:00〜23:00（日曜〜22:00）
定休日／無休（年末年始のみ）

大崎店（写真右）
東京都品川区大崎1-11-1　ゲートシティ大崎内
電話／03-3494-6441
営業時間／11:00〜21:00
定休日／無休（年末年始のみ）

フランスのカフェやブラッスリーをそのままの雰囲気で伝えるオーバカナル。現在、全国に6店舗あり、パンの販売のみを行なう大崎店では、バゲットやクロワッサンなど70種類以上のパンと12種類前後のサンドイッチを取り揃える（カフェスペースなし）。一方、紀尾井町店を含む5店では、カフェとブラッスリーを楽しめ、カスクルートなどシンプルなサンドイッチとクロックムッシュやクロックマダムが味わえる。

レストラン赤トンボ（閉店）

東京都港区虎ノ門1-15-12
日本ガス協会ビル地下2階
電話／03-3501-0416
営業時間／11:00〜21:00
定休日／土曜、日曜、祝日

1950年銀座に開店し、63年に虎ノ門に移転。「サンドウィッチ」は、開店当時から受け継がれてきたロングセラー。一口サイズの上品な「サンドウィッチ」は、しっとりと柔らかい状態を維持するため、特注のジッパーつきの小袋に入れて販売しており、パーティや手土産に好評だ（1袋4つ入り。内容は選択可能）。西洋料理店だけあり、ローストビーフやポークヒレカツ、ベシャメルソースなど本格的な具材を揃える。レストランは閉店。サンドイッチは百貨店などで取り扱っている（問合せ03-3243-9901）。

エスパス・ブルディガラ（閉店）

東京都港区六本木6-12-3
六本木ヒルズけやき坂通りKD
電話／03-5786-7705
営業時間／8:00〜22:00
定休日／無休

六本木ヒルズけやき坂エリアにある、ベーカリーに併設されたイートインタイプのカフェ。ベーカリーで販売するパンのほか、焼きたてのパンで作るタルティーヌ（オープンサンドイッチ）やサンドイッチなどを提供する。シャンピニオンをたっぷり使ったクロックムッシュ風のサンドイッチや、黒トリュフの香りのオムレツ、フォワグラのソテーなどを具材とした、ワインにも合う本格的なタルティーヌを揃える。ワインの輸入販売を手がけるエノテカ㈱の関連会社、ブルディガラ㈱の経営。

かつ城

東京都葛飾区青戸3-39-10　明徳ビル2階
電話／03-3602-3154
営業時間／11:30〜14:00、17:00〜22:00
定休日／月曜

京成線・青砥駅近くに店を構えて13年。地元客を中心に、変わらぬ人気を集めるフライ専門店である。カツサンドに使う豚肉は、産地やブランドを特定せず、全国の生産地を回って、自分の目で確かめたものだけを仕入れている。また、ヒレ肉は、独自の方法でもみほぐすことにより、ほかに類をみないほどの柔らかさに仕上げ、パンとの一体感を高めている。季節ごとに味を変えるソースや、カツサンドには珍しいタルタルソースも、自家製したもの。カツサンドは店内で食べるのが基本だが、持ち帰りにも対応する。

JUNOESQUE BAGEL自由が丘店

東京都世田谷区奥沢7-2-9
電話／03-5758-2557
営業時間／10:00～22:00
定休日／無休

2003年10月に設立したJUNOESQUE BAGEL（ジュノエスクベーグル）。現在、イートインスペースを併設するカフェを自由が丘と東京駅内に2店、テイクアウト専門店を全国に19店構える。常時12種類ほど用意するベーグルは、無添加、保存料不使用のナチュラルな風味が特徴。カフェでは、生地作りからゆでる作業、焼成までをすべて店内で行なっている。カフェでは常時7～8種類のサンドイッチ、クリームチーズを取り揃えており、好みのベーグルに挟んで食べられる。また、その一部はテイクアウト店でも販売している。

DEAN & DELUCA 品川

東京都港区港南2-18-1　アトレ品川2階
電話／03-6717-0935
営業時間／マーケット10:00～23:00、KIOSK（テイクアウトスペース）7:00～22:00、エスプレッソバー 7:00～23:00
定休日／不定休

アメリカ・ニューヨークを拠点に、全米に13店舗を展開しているグルメストア。都内にも、マーケットストア2店（品川店含む）、カフェ3店を展開している。世界中から厳選した商品だけを集める食材のセレクトショップであるとともに、店舗内のキッチンで作るオリジナルレシピのデリやサンドイッチメニューが人気を集めている。サンドイッチは、世界中のクラシックなレシピをもとにしたメニューを中心に、常時10種類前後を揃えている。

パティスリーマディ（閉店）

東京都渋谷区恵比寿南3-3-8
電話／03-5721-9761
営業時間／9:00～20:00
定休日／月曜

1998年、恵比寿と代官山の間の静かな通りにオープンしたパティスリー&ベーカリー。店内ではフランス系を中心に、50種類前後のバラエティ豊かなパンや、B.L.T.、ラップサンドなど約12種類のサンドイッチ、そしてケーキなどの菓子類を販売する。他に毎日3種類ほどのタルティーヌを用意し、12席のイートインスペースで食べられる（ランチタイムはサラダやドリンクつきで1050円～1575円で提供）。なお、「カフェマディ」や「moph」などの系列のカフェで提供するパンも、同店で焼いている。

Zopf（ツオップ）

千葉県松戸市小金原2-14-3
電話／047-343-3003
営業時間／カフェ7:00～17:00（L.O.）、ベーカリー 6:30～18:00
定休日／カフェ木曜、金曜、第3水曜、ベーカリー木曜、第3水曜

売り場面積が5坪のベーカリーながら、300種ものバラエティ豊かなパンを毎日陳列する。サンドイッチは手づくりを基本に、定番アイテムから、本書でも紹介した「にんじんと焼豚のサンド」などのオリジナル商品まで、幅広い品揃えが特徴。そのレシピは100を超えるという。インターネットによるパンの通販も行なっており、全国から取り寄せが可能。2階にはカフェを併設し、ベーカリーカフェならではのオリジナルのメニューを提供している。

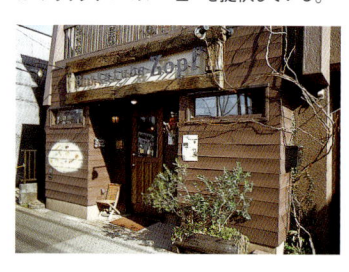

ハーティー・スープ（閉店）

神戸市東灘区甲南町1-2-6-101
電話／078-412-5219
営業時間／木曜、金曜11:00～16:00、土曜、日曜、祝日11:00～18:00
定休日／月曜、火曜、水曜（祝日を除く）

2003年にJR神戸線・摂津本山駅近くの住宅街にオープンした、ナチュラルな雰囲気のカフェ。同店の主役は、自家製の天然酵母を使ったハード系のパンと、野菜や豆をふんだんに使ったスープ。サンドイッチはチーズやパストラミを挟んだだけのシンプルなものから、季節の野菜を使ったもの、自家製のオイルサーディンを使ったものなど、毎日13種類前後を用意する。他にホットサンドイッチや週末限定のメニューも。商品はすべて持ち帰り可能で、パンは地方発送も行なう。

パンデュース

大阪市中央区淡路町4-3-1
FOBOSビル1階
電話／06-6205-7720
営業時間／8:00～19:00（土曜、祝日～18:00）
定休日／日曜

2004年12月にオープンしたベーカリー。オフィス街に位置し、ランチタイムの需要が多いことから、ボリューム感のあるタルティーヌが人気商品に。毎日10種類ほどをランチタイムに合わせて焼き上げている。季節感を意識したラインアップが特徴で、広島から仕入れる有機野菜や、レンコンやネギなど日本の野菜を積極的に用いている。他にカスクルートなどのサンドイッチも10種類ほど用意。店内のパンは、すべて併設するカフェスペースで食べることができる。

ファイヤーハウス

東京都文京区本郷4-5-10
電話／03-3815-6044
営業時間／11:00～25:00（L.O.）（土曜、日曜、祝日11:00～23:00（L.O.））
定休日／無休

丸の内線・本郷三丁目駅近くに店を構えて10年を迎えた、ハンバーガー専門店の先駆け的な存在。アーリーアメリカン調に統一された店内では、14種類のハンバーガーのほか、ホットドッグなどのメニューを提供する。鉄板で焼くパティはジューシーに仕上げ、トマトケチャップやマスタードを使わずにすむよう、塩とコショウでしっかりと味をつける。肉の旨さがストレートに味わえる。また、デリバリーを専門に行なう店舗も併設し、受注から配達まで迅速に対応している。

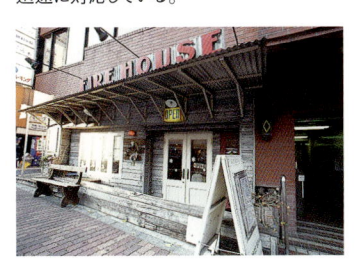

BROZERS'

東京都中央区日本橋人形町2-28-5
電話／03-3639-5201
営業時間／11:00～22:00（日曜・祝日11:00～17:00）
定休日／月曜（祝日の場合は翌日）

2000年7月にオープンしたグルメバーガー専門店。下町の人形町にありながら、アメリカンテイストを前面に打ち出す。オーソドックスなハンバーガーを筆頭に、グランドメニューには約40品目を用意。いずれも、オーストラリアで習得したレシピをもとに、オリジナルのテイストを加味しているのが特徴。ダイナミックな見た目とは裏腹に、1枚ずつ冷水に放してから一晩ねかせるというレタスの仕込みや、ソースのアレンジなど、細やかな仕事が随所に光る。

プレイス イン ザ サン

東京都港区芝2-20-3　petit à petit #1
電話／03-3451-2133
営業時間／11:00～21:00（L.O.）（土曜は～17:00（L.O.））
定休日／日曜、祝日

2002年4月にオープン。ボリュームのあるグルメバーガーとサンドイッチを主力商品とする、サンドイッチカフェ。店主の横張義宜氏が試行錯誤して作り上げた、ハムカツや梅干しなどを使った懐かしい雰囲気の和風サンドイッチや、スパイシーなエスニック風味のサンドイッチなど、同店独自の味が人気を呼んでいる。サンドイッチとハンバーガーで14品ほどをラインアップ。色合い、具材の重ね方、ボリューム感など、見た目の美しさも重視する点も、同店のサンドイッチの特徴だ。

ファンゴー

東京都世田谷区下馬1-40-10
電話／03-3795-1144
営業時間／11:00～23:00（L.O.）（水曜～日曜11:00～3:00（L.O.））
定休日／無休

田園都市線・三軒茶屋駅から徒歩20分というフリの客はまず望めない立地で10年の年月をかけて常連客を増やしてきたサンドイッチ専門店。店内のカウンターにはガラスケースをおいて具材を並べ、来店客に素材のフレッシュさをアピール。メニューは創業当時とほとんど変わらず、シュリンプとアボカド、ホットパストラミ、ローストビーフなど30種類をラインアップする。デリバリーも行ない、イートインとの比率は半々くらい。まとめて100個以上のサンドイッチの注文が入ることもある。

ブランジュリ タケウチ（移転準備中）

大阪市西区靱本町1-16-14
電話／06-6444-2118
営業時間／8:00～18:30（売り切れ次第閉店）。カフェは11:00～18:00（日曜9:00～18:00）
定休日／ベーカリーは日曜、月曜、カフェは月曜（祝日の場合は火曜）

2000年にオープン。竹内久典シェフが焼くオリジナリティ豊かなパンを求めて行列ができる人気店。サンドイッチは1階のベーカリーと3階のカフェで違うものを用意。ベーカリーでは小ぶりでシンプルなサンドイッチを、カフェでは契約農家の無農薬野菜や、専門店のハムを使用したものを常時7～8種類用意する。カフェはベーカリーのショールーム的な位置付け。そこで出すサンドイッチを通じてパンのおいしい食べ方を提案したい考えだ。

BAGEL（「A-NE CAFE」を移転オープン）

東京都杉並区梅里1-7-2
電話／03-3314-3234
営業時間／8:30～18:00
定休日／火曜、第2・4水曜

丸の内線・南阿佐ヶ谷駅近くの裏通りに位置するベーカリー。わずか2坪の販売スペースに、ベーグルをはじめ、ハード系のパンや焼き菓子が60種類近く並ぶ。サンドイッチは常時12種類前後を取り揃え、他にさまざまなクリームチーズや具材をオーダーのたびに挟んで提供するベーグルサンドを、10種類ほど用意する。一番人気は本書でも紹介した「イルサンド」。昼すぎには売り切れてしまうことも多い。「BAGEL」は2009年3月に閉店。同年5月、新高円寺（上記住所）にベーカリーカフェ「アーネカフェ」（写真）をオープン。

ベイカーバウンス

東京都世田谷区太子堂5-13-5
電話／03-5481-8670
営業時間／11:00～15:00、17:30～23:00（土曜11:00～22:30　日曜・祝日11:00～22:00）
定休日／火曜

パティ、ベーコン、コーンビーフなど、ほとんどの具材を自家製する。とくに、ミンチ肉を使わずに、手で肉をきざんで作るパティは、肉本来の歯ごたえが楽しめ、炭火で焼くことによる独特の香ばしさも魅力となっている。主力となるハンバーガーとサンドイッチは、18種類を揃えるほか、ステーキや魚を使ったプレート料理や、サイドメニューも豊富に揃う。地元客だけでなく、遠方からのお客も通うアメリカンダイナーだ。

ホームワークス

東京都渋谷区広尾5-1-20　七星舎ビル1階
電話／03-3444-4560
営業時間／11:00～21:00（日曜・祝日～18:00）
定休日／無休

1985年オープンの、本格的なハンバーガーを提供するグルメバーガーの草分け的存在の店。商品の主要材料であるバンズ、パティ、ハムやベーコン、野菜などは厳選した素材を使用。すべてその場で調理して、できたてを提供、もしくはデリバリーするというスタイルをオープン以来貫く。ハンバーガー15品、サンドイッチ15品のほか、ベジタリアン向けのメニューを6品揃えている。現在は広尾店、麻布十番店のほか、丸の内新東京ビルと六本木ヒルズに姉妹店「ザ・パントリー」を展開する。

ムッシュ ソレイユ

東京都杉並区荻窪4-13-16　光荻窪マンション1F
電話／03-5397-6066
営業時間／11:00～19:00
定休日／月曜

フランス料理店や製菓店で働いた経歴を持つ竹内勉シェフが、1996年に西荻窪の住宅地にオープンしたブーランジュリー。フランス系を中心に40～50種類のパンが3坪ほどの販売スペースに並ぶ。サンドイッチは食パンを使った三角サンド、バゲットのカスクルート、オリジナルのドッグパンを使ったものなど毎日12種類前後を用意。一見シンプルだが、リエットや鶏のコンフィなどはどれもフランス料理の技術を生かし、手をかけて作られる。1個263円～473円ほど。2008年に荻窪に移転、04年には浜田山店もオープンしている。

ベターデイズ

東京都渋谷区千駄ヶ谷3-15-12　中垣ビル1階
電話／03-3403-7809
営業時間／月曜～木曜10:30～22:00（金曜11:00～24:00、土曜11:30～18:00）
定休日／日曜、祝日

2003年8月オープンの、イタリアのサンドイッチ「パニーノ」の専門店。メニューには地名をつけ、その土地の産物を使って仕立てている。四角い形のパンに具材を挟み、パニーノ用のグリラーを使い、パンの表面を香ばしく焼き上げる。メニューは2ヵ月に1度、1品ずつ差し替えている。夜はバールスタイルで営業しており、ワインも1杯390円より用意する。ひと口ブルスケッタ（100～250円）、スープ、サラダ、パスタ、カツレツなどのフードメニューも充実。

PAUL六本木一丁目店

東京都港区六本木1-6-1　泉ガーデンタワー
電話／03-5545-9515
営業時間／8:00～22:00（土曜10:00～22:00、日曜、祝日10:00～20:00）
定休日／泉ガーデンタワー休業日に準ずる

フランスの大手ブーランジュリー「PAUL」の日本フランチャイズ店。現在、国内に19店舗あり、六本木一丁目店は2003年にオープンした。フランス現地の製法や味を忠実に再現したパン作りがモットーで、サンドイッチもフランスのレシピに従って作られる。テイクアウト用のサンドイッチは、常時12種類ほど用意。バゲットやブリオッシュ、クロワッサンを使ったフランスらしいシンプルなサンドイッチ以外に、クロックムッシュなどもラインアップしている。

メルヘン三越日本橋店

東京都中央区日本橋室町1-4-1
三越日本橋店地下1階
電話／03-3274-1030
営業時間／10:00～19:30
定休日／百貨店の休業日に準ずる

日本人好みの繊細で奥行きのある味わいが人気のメルヘンのサンドイッチ。1982年創業以来、無添加のパンなど安全性を第一に考えた素材を使い、全店舗とも店内厨房で具材から仕込み、作りたてを販売している。中でも生クリームを使ったフルーツサンドは発売当初から人気を集め、今ではメルヘンの看板商品として充実のラインナップを誇る。今まで販売したサンドイッチの全種類は100以上を数え、1番人気はタマゴサンド。都内百貨店を中心に22店舗を展開する。

index
インデックス

1 パン別インデックス
2 店舗別インデックス

index——1
パン別インデックス

＊本書に掲載したサンドイッチを、パンの種類から引くための索引です。
＊クルミ入りパン・ド・カンパーニュなど、生地に何か混ぜたりハーブなどで風味をつけているパンも、「パン・ド・カンパーニュ」として列記しています。
＊各店でパンにオリジナルの名前をつけている場合、「バゲット」「チャバッタ」など一般的なパンに分類できるものは、編集部で判断してそのパンのところに列記しています。

バゲット
リエットのカスクルート　032
パテ・ド・カンパーニュ　037
鴨と豚肉のリエット バゲットサンド　038
ベーコンとクレソンのサンド　039
コッホシンケン　041
アンシェン・ミックス　047
アンシェン・ジャンボン・クリュ　051
ハーブローストチキン バゲットサンド　071
アンシェン・パヴォ・プーレ　072
モッツァレラチーズとアンチョビバター　111
生ハムとブリーチーズのバゲットサンド　112
ブリー・ド・モー　113
フルム・ダンベール　114
大分産有機レンコンのタルティーヌ　144
有機栽培ナスのタルティーヌ　145
有機栽培タマネギのタルティーヌ　146
有機栽培ラディッシュのタルティーヌ　147
有機ネギとブルーチーズのタルティーヌ　148

チャバッタ
ニソワ　013
ベジタリアン チャバタサンド　014
プロシュート チャバタサンド　052
テリヤキチキン チャバタサンド　079
モッツァレラ&ジェノバペースト チャバタサンド　108

リュスティック
　ニソワーズ　010
　イルサンド　073
　生ハムとルーコラのタルティーヌ　150

パン・ド・カンパーニュ
　クイディテ　015
　ルーコラとブリー・チーズのくるみパンサンド　022
　リンゴとブリー・チーズのホットサンド　026
　ペッパーシンケンのカンパーニュサンド　043
　アボカド・サーモン・卵　101
　アボカドシュリンプのタルティーヌ　156
　トム・ド・サヴォワチーズのタルティーヌ　160
　パーティカンパーニュ　180

雑穀パン（ライ麦パン・グラハムパン・胚芽パンなど）
　チーズとアボカドの野菜たっぷりサンド　017
　豆腐のハーブマリネと野菜の五穀パンサンド　020
　トーフサンドウィッチ　021
　クラブハウスサンドイッチ　035
　ヨーグルトライサンドDX　044
　ホットパストラミ　045
　胚芽の丸いパンのイベリコチョリソサンド　055
　ローストビーフ　058
　シーザーチキン　068
　照焼きチキン　077
　ロックス 十五穀ローフサンド　086
　ツナとアボカドのライ麦パンサンド　096
　スモークサーモンときゅうりのライ麦パンサンド　103
　Alsace（アルザス）　149
　リエットとキャロットラペのタルティーヌ　151
　Landes（ランド）　152
　ローストチキンと舞茸のタルティーヌ　153
　Perigord（ペリゴール）　154
　サーモンのムースとアンディーヴのタルティーヌ　157
　Sicile（シチリア）　158
　Bourgogne（ブルゴーニュ）　159
　Paris（パリ）　161
　ミニオープンサンドイッチ・レバーパテ　185
　ミニオープンサンドイッチ・ニシンのマリネ　185
　ミニオープンサンドイッチ・マリボーチーズ　185

パン・オ・ルヴァン（天然酵母パン）
　Levinのバターサンド　117
　オイルサーディンのタルティーヌ　155

食パン（角食・山型）
　梅ぼしと新鮮野菜　018
　にんじんと焼豚のサンド　019
　B.L.T.　032
　B.L.T.　034
　SPECIAL CORN BEEF SANDWICH　036
　生ハムサンド　053
　リンゴとローストポークのサンド　056
　STEAK&ROASTED MASHED POTATOS　059
　特製上ひれかつサンド　060
　特製厚切りろーすサンド　062
　KATSU SANDWICH　063
　チキンかつサンド　064
　えび板かつサンド　065
　ハムカツレツ　066
　タンドリーチキンとパプリカのマリネ　070
　カジキマグロのサルサソース添え　091
　サーモンとサラダのサンドイッチ　102
　クロックムッシュ　106
　ミックスサンドウィッチ　164
　ココアクッキー／バタークッキー　166
　サーモン・カマンベール入りチーズのサンドウィッチ　168
　海老唐揚げのサンドウィッチ　169
　カニのベシャメルサンドウィッチ　170
　フルーツスペシャル　171
　甘夏　172
　バナナショコラ　173
　フレッシュブルーベリー　174
　ラムレーズン　175
　スイートポテト　176
　おぐら生クリーム　177
　ロールサンドイッチ　182
　ミニオープンサンドイッチ・マリネサーモン　185
　ミニオープンサンドイッチ・甘エビ　185

ヴィエノワ
　クリュディテ　012
　ヴィエノワ　081

ブリオッシュ
ブリオッシュ・ウフ　082
ブリオッシュ・トン　095
クリームチーズとスモークサーモンのブリオッシュサンド　099

クロワッサン
コットハム&チェダーチーズ クロワッサンサンド　050
シュリンプ&アボカド クロワッサンサンド　089

フォカッチャ
サヴォア　046
サマセット　069
自家製オイルサーディンとトマトのフォカッチャ・サンド　090
お野菜たっぷりオープンサンド　143

ベーグル
ベジタブルサンド　016
ホウレン草ベーグル　023
かりかりベーコン&かぼちゃチーズ　040
テリヤキチキン　078
アボカド&シュリンプ　088
サラダツナ　094
クリームチーズとスモークサーモンの
　サンドイッチ、ピクルス添え　098
サーモンクリームチーズJUNOスタイル　100
サーモンチーズスクランブル　104
とろとろモッツァレラチーズとトマトのホットサンド　110
ドライトマトのクリームチーズのサンドイッチ　116
クリームチーズのバリエーション　118

ピタパン
ピタサンド レンズ豆のサラダ　024
キノコのピタ　025

ハンバーガー用バンズ
PLAIN BURGER　122
チーズバーガー　124
ダブルバーガー　125
BACON CHEESE BURGER　126
ロットバーガー　127
BAKER'S BURGER　128
テリヤキバーガー　129
アボカドバーガー　130
アボカドチーズバーガー　131
チリチーズバーガー　132
ハンバーゴ　133
スイートチリチキンバーガー　134
フィレオフィッシュ　135

ドッグパン
若鶏のコンフィ　074
チキンコンフィのドックサンド　075
サラダ・フリュイ・ド・メール　093
ホットドッグ サワークラウト　136
プレーンドッグ　138
チリビーンズドッグ　139

その他のパン
エルビス　027
ビア・シンケン　042
チェダーチーズとロースハムのサンドイッチ　048
ファルーシュ・3ジャンボン　049
生ハムとルーコラのクルミバトン　054
ボローニャ　057
サルサチキンのラップ　076
鶏つくねサンド　080
シュリンプとアボカド　084
海のラップ　092
ファルーシュ・サーモン　097
ナポリ　109
オーベルニュ　115
Mielのサンド　117
タルティーヌプロヴァンサル　142

index——2
店舗別インデックス

*本書で掲載したサンドイッチを、お店から引くための索引です。
*各店の情報は189～192ページに掲載しています。

青山アンデルセン
パーティカンパーニュ　180
ミニオープンサンドイッチ　184

赤トンボ
ミックスサンドウィッチ　164
サーモン・カマンベール入りチーズのサンドウィッチ　168
海老唐揚げのサンドウィッチ　169
カニのベシャメルサンドウィッチ　170

VIRON渋谷店
クリュディテ　012
ニソワ　013
パテ・ド・カンパーニュ　037

エスパス・ブルディガラ
Alsace（アルザス）　149
Landes（ランド）　152
Perigord（ペリゴール）　154
Sicile（シチリア）　158
Bourgogne（ブルゴーニュ）　159
Paris（パリ）　161

オーバカナル大崎店・紀尾井町店
クイディテ　015
ベーコンとクレソンのサンド　039
コッホシンケン　041
ビア・シンケン　042
ヴィエノワ　081
サーモンとサラダのサンドイッチ　102
クロックムッシュ　106
ブリー・ド・モー　113
フルム・ダンベール　114

かつ城
特製上ひれかつサンド　060
特製厚切りろーすサンド　062
チキンかつサンド　064
えび板かつサンド　065

JUNOESQUE BAGEL自由が丘店
ベジタブルサンド　016
かりかりベーコン＆かぼちゃチーズ　040
テリヤキチキン　078
アボカド＆シュリンプ　088
サラダツナ　094
サーモンクリームチーズJUNOスタイル　100
サーモンチーズスクランブル　104
とろとろモッツァレラチーズとトマトのホットサンド　110
クリームチーズのディップ　118

Zopf
にんじんと焼豚のサンド　019
ホウレン草ベーグル　023
キノコのピタ　025
ヨーグルトライサンドDX　044
生ハムサンド　053
リンゴとローストポークのサンド　056
チキンコンフィのドックサンド　075
サルサチキンのラップ　076
海のラップ　092

DEAN & DELUCA
ベジタリアン チャバタサンド　014
鴨と豚肉のリエット バゲットサンド　038
コットハム＆チェダーチーズ クロワッサンサンド　050
プロシュート チャバタサンド　052
ハーブローストチキン バゲットサンド　071
テリヤキチキン チャバタサンド　079
ロックス 十五穀ローフサンド　086
シュリンプ＆アボカド クロワッサンサンド　089
モッツァレラ＆ジェノバペースト チャバタサンド　108

ハーティー・スープ
チーズとアボカドの野菜たっぷりサンド　017
豆腐のハーブマリネと野菜の五穀パンサンド　020
ルーコラとブリー・チーズのくるみパンサンド　022
リンゴとブリー・チーズのホットサンド　026
自家製オイルサーディンとトマトのフォカッチャ・サンド　090
ツナとアボカドのライ麦パンサンド　096
スモークサーモンときゅうりのライ麦パンサンド　103

パティスリーマディ
タルティーヌプロヴァンサル　142
生ハムとルーコラのタルティーヌ　150
リエットとキャロットラペのタルティーヌ　151
ローストチキンと舞茸のタルティーヌ　153
アボカドシュリンプのタルティーヌ　156
サーモンのムースとアンディーヴのタルティーヌ　157

パンデュース
Levinのバターサンド／Mielのサンド　117
お野菜たっぷりオープンサンド　143
大分産有機レンコンのタルティーヌ　144
有機栽培ナスのタルティーヌ　145
有機栽培タマネギのタルティーヌ　146
有機栽培ラディッシュのタルティーヌ　147
有機ネギとブルーチーズのタルティーヌ　148
オイルサーディンのタルティーヌ　155

ファイヤーハウス
ダブルバーガー　125
チリチーズバーガー　132
ハンバーゴ　133
フィレオフィッシュ　135
ホットドッグ サワークラウト　136

ファンゴー
クラブハウスサンドイッチ　035
ホットパストラミ　045
ローストビーフ　058
照焼きチキン　077
シュリンプとアボカド　084

BROZERS'
チーズバーガー　124
ロットバーガー　127
アボカドチーズバーガー　131
スイートチリチキンバーガー　134
プレーンドッグ　138
チリビーンズドッグ　139

ブランジュリ タケウチ
B.L.T.　034
ペッパーシンケンのカンパーニュサンド　043
生ハムとルーコラのクルミバトン　054
胚芽の丸いパンのイベリコチョリソサンド　055
クリームチーズとスモークサーモンのブリオッシュサンド　099
生ハムとブリーチーズのバゲットサンド　112
トム・ド・サヴォワチーズのタルティーヌ　160

プレイス イン ザ サン
梅ぼしと新鮮野菜　018
ハムカツレツ　066
タンドリーチキンとパプリカのマリネ　070
カジキマグロのサルサソース添え　091
モッツァレラチーズとアンチョビバター　111

BAGEL
ニソワーズ　010
ピタサンド レンズ豆のサラダ　024
チェダーチーズとロースハムのサンドイッチ　048
イルサンド　073
鶏つくねサンド　080
クリームチーズとスモークサーモンの
　サンドイッチ、ピクルス添え　098
アボカド・サーモン・卵　101
ドライトマトのクリームチーズのサンドイッチ　116

ベイカーバウンス
SPECIAL CORN BEEF SANDWICH　036
STEAK&ROASTED MASHED POTATOES　059
KATSU SANDWICH　063
PLAIN BURGER　122
BACON CHEESE BURGER　126
BAKER'S BURGER　128

ベターデイズ
エルビス　027
サヴォア　046
ボローニャ　057
サマセット　069
ナポリ　109
オーベルニュ　115

ホームワークス
トーフサンドウィッチ　021
B.L.T.　030
シーザーチキン　068
テリヤキバーガー　129
アボカドバーガー　130

PAUL六本木一丁目店
アンシェン・ミックス　047
ファルーシュ・3ジャンボン　049
アンシェン・ジャンボン・クリュ　051
アンシェン・パヴォ・プーレ　072
ブリオッシュ・ウフ　082
ブリオッシュ・トン　095
ファルーシュ・サーモン　097

ムッシュ ソレイユ
リエットのカスクルート　032
若鶏のコンフィ　074
サラダ・フリュイ・ド・メール　093

メルヘン
ココアクッキー／バタークッキー　166
フルーツスペシャル　171
甘夏　172
バナナショコラ　173
フレッシュブルーベリー　174
ラムレーズン　175
スイートポテト　176
おぐら生クリーム　177
ロールサンドイッチ　182

サンドイッチノート
160 recipes of special sandwiches

初版発行	2006年 6月10日	
9版発行	2013年 5月20日	
編者	柴田書店Ⓒ	
発行者	土肥大介	
発行所	株式会社柴田書店	
	東京都文京区湯島3-26-9 イヤサカビル 〒113-8477	
	営業部　　　03-5816-8282（注文・問合せ）	
	書籍編集部　03-5816-8260	
	URL　http://www.shibatashoten.co.jp	
印刷所	日本写真印刷株式会社	
製本所	株式会社常川製本	
ISBN	978-4-388-05993-5	

本書収録内容の無断転載・複写（コピー）・引用・データ配信等の行為は固く禁じます。
乱丁・落丁本はお取り替えいたします。
Printed in Japan